SIXTO PORRAS

CÓMO  AMARME Y AMAR A LOS DEMÁS

LO QUE NADIE TE HA DICHO SOBRE EL AMOR

WHITAKER
HOUSE
Español

Editado por: Ofelia Pérez

Cómo amarme y amar a los demás
Lo que nadie te ha dicho sobre el amor

ISBN: 978-1-64123-545-7
eBook ISBN: 978-1-64123-546-4
Impreso en los Estados Unidos de América
© 2020 por Sixto Porras

Whitaker House
1030 Hunt Valley Circle
New Kensington, PA 15068
www.whitakerhouseespanol.com

1 2 3 4 5 6 7 8 9 10 11 **Ⱳ** 27 26 25 24 23 22 21 20

DEDICATORIA

Dedico este libro a las personas que me enseñaron a amar; las que con sacrificio, entrega y dedicación estuvieron a mi lado mientras crecía, como lo hicieron mi mamá y mi papá. Los vi renunciar a privilegios con tal de que nosotros tuviéramos nuevas oportunidades; nos enseñaron a servir a los demás y a creer que Dios guía nuestros pasos. Ambos están con Dios y nos han dejado el mejor de los legados: nos dejaron a Dios en el corazón.

Dedico este libro a mis hermanos, que mientras crecíamos lo compartimos todo. Sí, fue mi familia la primera en mostrarme el camino del amor.

Dedico este libro a Helen, mi amada esposa, porque con su amor incondicional nos ha ayudado a todos a estar pendientes de los detalles y de las personas que están cerca. Con su entrega sembró lo mejor en nuestros hijos y hoy sigue dando lo mejor que tiene a favor de la familia. Muchas veces me sorprende, porque va más lejos de lo que puedo imaginar. Helen ha sacado lo mejor de mí y ha sido mi mejor amiga, mi compañera de batallas, y juntos hemos visto a nuestros hijos crecer como personas de bien. He disfrutado el viaje a tu lado.

Gracias infinitas doy a Dios, porque Su amor incondicional se manifiesta todos los días. Sus promesas las he visto convertirse en realidad y no dejo de darle las gracias por permitirme vivir lo que hoy vivo. Me despierto pensando en Él y me acuesto con Él en mi mente y en mi corazón. Lo anhelo y lo amo cada día.

TABLA DE CONTENIDO

INTRODUCCIÓN

Helen y yo hemos compartido risas, alegrías, historias, paseos y mil cosas más; han pasado los años, nacieron nuestros hijos, enfrentamos enfermedades, dolores, carreras al hospital, visitas al médico, y estas adversidades nos unieron, nos hicieron orar y clamar a Dios. Hemos visto milagros inimaginables al caminar juntos. Dios siempre nos ha sorprendido y aquí estamos, viendo cómo se cumplen todas aquellas cosas que Dios nos dijo que ocurrirían. No hay palabras para verbalizar lo que significa pasar mi vida al lado de Helen.

Su amor se expresa en detalles, actos de servicio y comida saludable. Es quien me viste, cuida los detalles, y está pendiente de lo que necesitan nuestros hijos. Es ella la que nos sorprende con regalos que se aprecian.

Han pasado los años y nos seguimos amando cada vez más. Hemos visto a nuestros hijos crecer, y hoy disfrutamos al máximo ser abuelos. Nuestro nieto, Emiliano, nos llama "Abu" y eso nos deshace. Soñaba con el día que Emiliano nos llamara de esa forma, y hoy lo vivimos.

Daniel y Esteban han crecido y nos han llenado de ilusión y alegría. Amar es maravilloso y llena el corazón a más no poder.

Por eso, muchas veces le digo a Helen que caminemos juntos el resto del camino y convirtamos esta historia en memorias que inspiren a quienes siguen nuestros pasos. Porque al final, el amor es lo que inspira a las generaciones que se levantan.

Nacimos para amar y ser amados, somos seres sociales y tenemos esta necesidad interna de sentirnos parte de un grupo en el cual encontremos sentido de pertenencia, afecto, aceptación y aprecio.

El ingrediente indispensable para mantener unida a la familia, a los amigos y en general a la comunidad, es el amor. Sin embargo, amar no es propio a nuestra naturaleza humana. Más bien, somos egoístas, autocomplacientes y nuestro egocentrismo nos lleva a poseer, y no a estar dispuestos a entregarnos. Por eso, necesitamos experimentar el amor de Dios, para poder comprender cómo debemos amar a los demás.

Necesitamos ser llenos del Espíritu Santo para poder experimentar el amor como un fruto y lo logramos al estar en comunión con Él. Como lo expresa Gálatas 5:

*"...el **fruto del Espíritu es amor,** alegría, paz, paciencia, amabilidad, bondad, fidelidad, humildad y dominio propio. No hay ley que condene estas cosas".*   (Gálatas 5: 22-23)

Dios es amor, y el que permanece en Dios y Dios en él, es perfeccionado en el amor, porque Él nos amó primero.

"Dios es amor. El que permanece en amor, permanece en Dios, y Dios en él".   (1 Juan 4:16)

Es fundamental experimentar y vivir el amor de Dios para poder amar tal y como hemos sido amados, y tal como hemos sido llamados a amar.

Amados, amémonos unos a otros; porque el amor es de Dios. Todo aquel que ama, es nacido de Dios, y conoce a Dios. El que no ama, no ha conocido a Dios; porque Dios es amor.   (1 Juan 4:7-8, RVR1960)

Dios expresó Su amor por nosotros enviando a su Hijo Jesucristo a morir en una cruz para rescatarnos. Por eso, cuando reconocemos que necesitamos Su perdón y le buscamos con un corazón sincero, Él nos enseña a amar.

"Pero Dios demuestra su amor por nosotros en esto: en que cuando todavía éramos pecadores, Cristo murió por nosotros".   (Romanos 5:8)

"Porque tanto amó Dios al mundo que dio a su Hijo unigénito, para que todo el que cree en él no se pierda, sino que tenga vida eterna".   (Juan 3:16)

Por otro lado, amar es un verbo que tiene características que deben ser comprendidas. Por esta razón, debemos conocerlas para identificar si lo que vivimos es amor o es un capricho emocional, y 1 Corintios 13 lo describe claramente:

El amor es paciente, es bondadoso. El amor no es envidioso ni jactancioso ni orgulloso. No se comporta con rudeza, no es egoísta, no se enoja fácilmente, no guarda rencor. El amor no se deleita en la maldad, sino que se regocija con la verdad. Todo lo disculpa, todo lo cree, todo lo espera, todo lo soporta….   (1 Corintios 13: 4-7)

Sí, el amor es paciente, es amable, considerado, no es orgulloso, ni grosero, mucho menos egoísta, no se enoja por cualquier cosa, no recuerda lo malo que el otro hizo, se alegra cuando triunfa la verdad, todo lo cree, todo lo espera, y es capaz de soportarlo todo. Cuando este amor está presente, crece con el tiempo y nunca deja de ser.

Amar debe ser una práctica constante en nosotros, hasta que se convierta en un estilo de vida.

Es decir, el amor nos ayuda a formar el carácter y, por lo tanto, debe ser algo que experimentemos diariamente. Por esta razón, Pedro nos anima a vivirlo:

> *(…) **esfuércense por añadir** a su fe, virtud; a su virtud, entendimiento; al entendimiento, dominio propio; al dominio propio, constancia; a la constancia, devoción a Dios; a la devoción a Dios, afecto fraternal; **y al afecto fraternal, amor.** Porque estas cualidades, si abundan en ustedes, los harán crecer en el conocimiento de nuestro Señor Jesucristo, y evitarán que sean inútiles e improductivos.*
>
> (2 Pedro 1:5-8)

Comprender en qué consiste el amor y cómo se manifiesta, es fundamental para distinguirlo cuando está presente, y diferenciarlo de sentimientos volátiles, hedonistas y egoístas tan comunes en nuestra sociedad actual.

El amor ágape es el que viene de Dios y es la manifestación misma de Dios en la tierra. Es incondicional, es el amor que tiene en cuenta el bienestar de la persona amada, es un amor en el que prevalecen la ternura, el afecto, la gentileza, el perdón y la consideración. Es un amor desinteresado que se entrega sin esperar nada a cambio. Es el amor que debe dominar todas las relaciones humanas.

El amor ágape es gentil, no es egoísta, no hace daño a la otra persona, no se impone o manipula. Si este amor no está presente en cualquier relación, es imposible que subsista. En el amor ágape nos negamos a nosotros mismos para procurar el bienestar del ser amado. Por lo tanto, las características del amor ágape tienen que estar presentes en toda relación sin excepción.

Si decimos que amamos y hay agresión, abuso, o maltrato, no es amor, y lo que estamos haciendo es utilizando la nobleza del mismo para manipular o imponer nuestros propios intereses egoístas. El amor no golpea, no humilla, no denigra, y no avergüenza. Si esto está ocurriendo, estamos matando el amor y hay que hacer un alto para replantear la relación y detener el abuso.

> **El amor incondicional es lo que nos permite superar las crisis que todos vivimos.**

Todos debemos aprender a amar incondicionalmente, aun en medio de las decepciones, los sueños no cumplidos y las frustraciones que experimentemos. Porque el amor incondicional es lo que nos permite superar las crisis que todos vivimos.

El amor incondicional es lo que nos permite seguir amando a pesar de las decepciones y de los errores cometidos. Es lo que nos ayuda a comprender que, cuando amamos, no ponemos fecha de caducidad porque no es un amor interesado; es una relación que se extiende en el tiempo y esperamos que sea para siempre. Es un amor que piensa, reflexiona, analiza y sabe distinguir lo que es correcto y lo que no lo es.

Aun cuando la relación pudiera terminar, no tiene por qué llenarse de odio o rencor. El amor incondicional insiste en hacer el bien a la persona que se ama, a pesar de las circunstancias que se puedan estar experimentando. El amor se compromete, y es lo que conduce a la intimidad, a la amistad verdadera y a que la relación se extienda en el tiempo.

Por otro lado, el amor eros nace con el enamoramiento, es lo que conduce a idealizar a la persona que se ama, es un amor inestable, emocional, y solo tiene el objetivo de poseer y obtener.

El amor eros despierta el deseo sexual y la pasión, y al mismo tiempo, exagera las cualidades de la persona amada, disculpa todos los errores, aunque perjudiquen la dignidad y justifica todo, aun si duele. Es poco objetivo porque se fundamenta en lo que siente; piensa poco y no analiza las consecuencias. Solo quiere vivir las sensaciones momentáneas.

El amor eros está presente en las relaciones románticas, pero no es suficiente para sostener la relación en el tiempo, porque es inestable y emocional. El amor eros es placentero, no soporta la ausencia de la persona amada, porque lo único que desea es tenerla cerca. No comprende a plenitud lo que le ocurre, por eso, es un amor que simplemente siente. Es un amor que puede conducir a una relación enfermiza si no madura con el tiempo.

El amor fraternal es el que une a los amigos y a los hermanos. Es el que se expresa con afecto. Es el amor que une a la familia y se expresa con decisiones cotidianas fundamentadas en la generosidad, la cooperación, la solidaridad, la ternura y el compañerismo. El amor fraternal nos une y nos otorga el honor de ser parte de la comunidad a la cual pertenecemos.

Espero que juntos, al recorrer las páginas de este libro, hagamos crecer el amor, y valoremos lo bueno que hemos recibido de los demás.

PRIMERA PARTE

EL AMOR PRODUCE VIDA

El amor sana heridas, es fuente de vida, nos llena de ilusión, alegrías y sueños. Por eso no puede morir, se renueva con el tiempo, supera las crisis y perdona los errores del camino.

El amor debe cultivarse para que se mantenga vivo todos los días.

Cuando las personas se aman, los problemas no los alejan. Más bien los acercan. Porque el amor se fortalece con el tiempo. Bien lo dijo Salomón:

> *Grábame como un sello sobre tu corazón; llévame como una marca sobre tu brazo. Fuerte es el amor, como la muerte, y tenaz la pasión, como el sepulcro. Como llama divina es el fuego ardiente del amor.* (Cantares 8:6)

Dios es amor y los que aman vienen de Dios, porque Dios es amor.

El gran mandamiento dice:

> *«—Ama al Señor tu Dios con todo tu corazón, con todo tu ser y con toda tu mente" —le respondió Jesús—. Este es el primero y el más importante de los mandamientos.*

El segundo se parece a este: "Ama a tu prójimo como a ti mismo"». (Mateo 22: 37-39)

Esto resume todos los mandamientos. Dios es amor y vino a revolucionar el mundo con un mensaje sanador que restaura relaciones y pone el fundamento para amar como corresponde.

El amor no es egoísta, se entrega como Jesús lo hizo por la humanidad para redimirnos.

EL CONCEPTO DEL AMOR

Pablo define el amor claramente y describe sus características. Porque el amor es el mayor de los dones que podemos recibir de parte de Dios.

Si hablo en lenguas humanas y angelicales, pero no tengo amor, no soy más que un metal que resuena o un platillo que hace ruido. Si tengo el don de profecía y entiendo todos los misterios y poseo todo conocimiento, y si tengo una fe que logra trasladar montañas, pero me falta el amor, no soy nada. Si reparto entre los pobres todo lo que poseo, y si entrego mi cuerpo para que lo consuman las llamas pero no tengo amor, nada gano con eso. El amor es paciente, es bondadoso. El amor no es envidioso ni jactancioso ni orgulloso. No se comporta con rudeza, no es egoísta, no se enoja fácilmente, no guarda rencor. El amor no se deleita en la maldad, sino que se regocija con la verdad. Todo lo disculpa, todo lo cree, todo lo espera, todo lo soporta. El amor jamás se extingue. (1 Corintios 13:1-8)

El amor tiene siempre las mismas características: no es envidioso, no es egoísta, no hace nada indebido, no es autocomplaciente, no es jactancioso, no se envanece, no es grosero, no busca lo suyo, no se irrita, no guarda rencor, no se goza con la injusticia, mas se goza cuando triunfa la verdad, todo lo cree, todo lo soporta, todo lo perdona y se compromete todos los días. Este tipo de amor nunca deja de ser, supera las crisis y crece con el tiempo.

El único que personifica este amor es Dios, y lo manifiesta en Cristo Jesús. Por lo tanto, el amor es un fruto del Espíritu de Dios en nuestras vidas. Si alguien quiere amar de esta forma, debe tener a Dios guiando sus pasos y siendo Señor de su existencia.

No importa dónde se manifieste el amor, las características que lo identifican tienen que estar presentes. Por ejemplo, en el amor eros, que se fundamenta en una atracción sexual y despierta el romanticismo, no debe darse una relación de infidelidad, porque su fin es de destrucción y daña a quienes se involucran. La mentira, la traición y el engaño no forman parte del amor. El amor es fiel, no hace nada indebido, no lastima, no utiliza a la persona para la satisfacción de sus deseos egoístas. El amor eros, que despierta el romanticismo, también es fiel y cuidadoso.

No podemos confundir amor con pasión, porque el amor no depende de lo que se siente, depende de lo que es. Puede que alguien sienta atracción por una persona diferente a su cónyuge, pero este tipo de atracción no debe pasar al estado de enamoramiento, porque atenta contra el amor hacia su cónyuge.

El amor no depende de lo que se siente, depende de lo que es.

La pasión debe ser una característica propia de un encuentro romántico, lícito, privado, que tiene como fruto la libertad, la complacencia mutua y la satisfacción compartida.

Por eso, el amor eros debe estar acompañado por el amor ágape para que sea amor de verdad. Porque el amor ágape es incondicional, independiente de los méritos que tenga la persona que decimos amar, es sacrificial y generoso. Es la elección voluntaria de comprometernos en fidelidad y lealtad con la otra persona. Es un amor que no depende de las emociones que se alimentan por lo que vemos; es un amor que lo evidencia la conducta correcta, que se disculpa si lastima y lucha hasta el final.

Amar no significa justificar lo que está mal, o que tengamos que tolerar las ofensas, los golpes y la humillación. Lo que está mal, está mal, y debe detenerse o bien debemos alejarnos para no seguir siendo heridos. Lo que sí nos impone el amor es que no guardemos rencor y mantengamos una conducta noble con la otra persona.

Los sentimientos vienen y se van, y en algunos momentos puede que lo que hizo la otra persona no le guste, pero el amor nos invita a seguir siendo pacientes, es decir, a dominar nuestras emociones ante la adversidad o las crisis.

LAS CARACTERÍSTICAS DEL AMOR

1. EL AMOR ACEPTA

El amor consiste en tener un conocimiento profundo de la otra persona, y conociéndola la acepto tal cual es. Para que el amor prevalezca, es necesario que seamos aceptados con nuestras virtudes y defectos, en nuestros momentos buenos y en los malos. Deprimido o alegre. En lo que soy bueno y en lo que no.

Una de las luchas más frecuentes en toda relación se da cuando uno de los dos quiere cambiar al otro a su forma de pensar, y esto se acentúa en el matrimonio.

En el amor romántico, generalmente la atracción se da a partir de polos opuestos. El ordenado se enamora del espontáneo, y bajo los efectos del enamoramiento nos parece fantástico, pero definitivamente en el matrimonio va a generar conflicto. Es ahí donde el amor debe resistir para superar la decepción y mantener una convivencia agradable y pacífica.

2. EL AMOR ES PACIENTE

El que ama siempre hace lo mejor por la otra persona. No se apresura a sacar conclusiones, sino que escucha qué dice la otra persona. El amor te inspira a transformarte en una persona paciente. Cuando decides ser paciente, respondes en forma positiva frente a una situación negativa. Eres lento para enojarte. Decides guardar la compostura en lugar de enfadarte con facilidad. En vez de ser impaciente y exigente, el amor te ayuda a calmarte y a comenzar a demostrar misericordia a los que te rodean.

La paciencia nos conduce a una tranquilidad interior durante una tormenta exterior. A nadie le gusta estar cerca de una persona impaciente, porque hace que reaccionemos con enojo, insensatez y de manera lamentable. Cuando amamos, decidimos controlar los sentimientos en lugar de permitir que estos nos controlen, y recurrimos al tacto en vez de devolver mal por mal. Así como la falta de paciencia transformará su hogar en una zona de combate, la práctica de la paciencia fomentará la paz y la tranquilidad.

El amor te inspira a transformarte en una persona paciente.

La paciencia le ayuda a darle permiso a su cónyuge para que sea humano; se enoje, reclame, no esté de acuerdo.

La paciencia nos permite comprender que todos fallamos. Cuando se comete un error, la paciencia le ayuda a decidir darle más tiempo para corregirlo. Le proporciona la capacidad necesaria para resistir durante las épocas difíciles y permanecer en la relación, en lugar de huir ante la presión.

Hay pocas personas con las que resulta tan difícil vivir como con alguien impaciente. Amar es un proceso de aprendizaje, y lo primero que debemos estar decididos a poseer es paciencia. Es una virtud que vale la pena desarrollar.

Decida que será paciente con su cónyuge, elógielo por lo que hace bien y piense antes de reaccionar cuando algo no salió como pensaba.

3. EL AMOR ES AMABLE

La amabilidad desarrolla un ambiente agradable y nos invita a estar cerca. La amabilidad hace atrayente a una persona. Cuando somos amables, las personas quieren estar cerca. Perciben que usted es bueno con ellas y que les hace bien. Ser amable es algo práctico y requiere acciones concretas que generan un gran sentido de realización.

CARACTERÍSTICAS DE LA AMABILIDAD:

- **Sensibilidad.** La amabilidad le hace sensible a las necesidades de los demás.
- **Nos invita a servir a los demás.**
- **Atención.** Usted está solícito a las necesidades de los demás.
- **Disposición.** La amabilidad le inspira a estar dispuesto, en lugar de ser apático e indiferente.

+ **Iniciativa.** La persona amable no se siente obligada, toma la iniciativa para atender y servir a los otros. Una persona amable saluda, sonríe, sirve al otro espontáneamente y perdona con prontitud. No necesita que el otro haga las cosas bien para demostrar amor.

Cuando somos amables, vemos la necesidad y la atendemos con prontitud. Por eso, tome la iniciativa y sea amable con la persona que ama.

4. EL AMOR ES BONDADOSO Y NO ES EGOÍSTA

La cultura que nos rodea nos enseña a concentrarnos en nuestra apariencia, nuestros sentimientos y nuestros deseos personales como si fueran la prioridad fundamental. Nos convierte en personas egocéntricas, autocomplacientes y con un bajo nivel de tolerancia. Si hay una palabra que signifique en esencia lo opuesto al amor, es el egoísmo. Tristemente, todas las personas lo traemos arraigado desde el nacimiento. Podemos verlo en el comportamiento de los niños y, a menudo, en el trato entre adultos.

Cuando una persona pone sus intereses, sus deseos y sus prioridades antes que los de los demás, es una señal de egoísmo. Cuando nos quejamos constantemente, estamos viendo una señal de egoísmo.

El amor nunca se cansa de dar, de entregar, de hacer el bien, porque esta es su naturaleza. No podemos actuar con amor verdadero y con egoísmo al mismo tiempo.

El amor trae realización y alegría interior. Cuando le damos prioridad al bienestar de los demás, estamos renunciando a nuestro egoísmo.

Si le resulta difícil sacrificar sus propios deseos en beneficio de su cónyuge o de sus hijos, quizá tenga un problema profundo con el egoísmo. Esto es muy difícil de reconocer.

Las cosas en las que invierte su tiempo, su energía y su dinero son las más importantes para usted. Por lo tanto, debemos hacer un inventario que nos permita reconocer cuáles son nuestras prioridades.

5. EL AMOR NO ES GROSERO

Ser grosero significa decir o hacer algo innecesario que le haga pasar un mal momento a la persona que esté cerca. Ser grosero es actuar en forma irritante. Se manifiesta en las bromas que hieren, en los sobrenombres que descalifican o en el sarcasmo que lastima.

A nadie le gusta estar cerca de una persona grosera. La conducta grosera puede parecerle insignificante a quien la practica, pero es desagradable para los que están cerca. Cuando somos groseros, alejamos de nosotros a las personas.

Cuando una persona es impulsada por el amor, se comporta de una manera que le resulta más agradable a las personas que tiene cerca. El amor genuino cuida sus modales. Los buenos modales le expresan a la familia que la apreciamos, y nos esforzamos por convertirnos en una persona con la que es agradable vivir. El amor tiene buenos modales.

Las razones principales por las que las personas son groseras: el egoísmo, el resentimiento y la mala educación. Cuando tenemos malos modales, significa que lo vimos modelado en alguien más y lo legitimamos como una conducta aceptable, pero en el fondo sabemos que herimos a los demás.

Las personas nacen sin saber nada sobre los buenos modales, y necesitan mucha ayuda y enseñanza para adquirirlos. Al crecer, todos necesitamos romper con los patrones que hemos aprendido y que sabemos que lastiman a los que amamos. Es hora de dejar de hacer todo eso que molesta a la familia. La meta es evitar la conducta que hace que la vida le resulte desagradable a quienes tenemos cerca.

TRES PRINCIPIOS QUE LE AYUDARÁN A TENER BUENOS MODALES EN SU MATRIMONIO

1. Trate a su cónyuge de la misma manera en la que quiere que lo traten a usted.

2. Tenga con su cónyuge los mismos modales que con los extraños, amigos y compañeros.

3. Escuche las recomendaciones de su cónyuge para mejorar.

Pídale a su cónyuge que le diga tres cosas que le incomodan o le irritan de usted. *Él o ella* debe hacerlo sin atacar, y usted no debe justificar su conducta. Su deseo de hacer agradable la convivencia es lo importante.

6. EL AMOR ES TARDO PARA OFENDER Y RÁPIDO PARA PERDONAR

Una forma rápida de ofender es ser una persona irritable. Las personas que son irritables están listas para reaccionar en forma exagerada. Enojarse con facilidad indica que hay un área escondida de egoísmo o inseguridad en donde se supone que debería reinar el amor.

Una persona que ama demostrará misericordia y controlará su carácter. Una esposa amorosa no es demasiado sensible ni malhumorada, sino que ejerce el dominio propio en el ámbito emocional. Un esposo que ama es respetuoso y considerado.

Una persona que ama demostrará misericordia y controlará su carácter.

¿Por qué las personas se vuelven irritables? En primer lugar, por el estrés.

El estrés agobia, agota la energía, debilita su salud y le predispone a estar de mal humor. Puede producirse por exceso de trabajo, mal manejo de las finanzas, discusiones, o bien por la amargura.

La vida es un maratón, no una carrera de corta distancia. Por eso debemos vivir en forma equilibrada, priorizar y controlarnos emocionalmente. La presión creciente puede desgastar nuestra paciencia y nuestra relación.

La amargura se arraiga cuando dejamos que el enojo crezca. El enojo que lleva por dentro una persona amargada se manifiesta cuando se le provoca. El orgullo hace que actúe con dureza para proteger su ego y su reputación. Debemos trabajar la dureza del corazón para poder amar.

El amor le llevará a perdonar en lugar de guardar rencor, a ser agradecido en lugar de egoísta. El amor le alienta a ser feliz cuando otra persona tiene éxito, en lugar de ser dominado por la envidia.

Frente a las circunstancias difíciles, decida reaccionar con amor en lugar de irritarse.

7. RECONOCE LAS CARACTERÍSTICAS POSITIVAS

Lo contrario al reconocimiento es el menosprecio. Es fácil con el tiempo solo ver lo negativo en los demás, y requiere un gran esfuerzo volver a concentrarse en las virtudes que identifican a las personas que tenemos cerca. Esto genera un viaje de frustración, sentimientos heridos y desilusión.

Una forma de hacer crecer el amor es volver a concentrarse en lo que le atrajo de la persona que ama, y recordar los buenos momentos que han pasado juntos. Repáselos en su mente de forma constante y será agradecido por tenerle cerca.

> **Una forma de hacer crecer el amor es volver a concentrarse en lo que le atrajo de la persona que ama.**

Escriba los buenos atributos que identifican a su cónyuge. Entre ellos, puede haber características como "sincero" e "inteligente", o frases como "trabajador diligente", "excelente cocinero" o "hermosos ojos". Valore sus cualidades y superará las crisis más fácilmente. Cuando piensa en ellas, el aprecio que tiene por su cónyuge comienza a aumentar. En realidad, cuanto más medita en estos atributos positivos, más agradecido se siente por tenerle cerca.

Admirar es una virtud que debemos cultivar.

Si permitimos que nuestra mente solo piense en lo negativo que tiene la persona que amamos, terminará frustrado, desilusionado y distante de ella. Se deprimirá y comenzará a expresar frases que descalifican y lastiman.

El amor reconoce que existen cosas no muy buenas en los demás, pero decide concentrarse en valorar las virtudes que le identifican. El amor decide creer lo mejor de las personas.

Debe desarrollar el hábito de frenar sus pensamientos negativos y concentrarse en los atributos positivos que posee su cónyuge. Es una decisión que debe tomar, ya sea que su cónyuge o sus hijos lo merezcan o no.

Escriba en sus notas las cualidades positivas de su cónyuge y dígale cuánto las aprecia.

8. EL AMOR ES INCONDICIONAL

El amor solo puede durar toda la vida si es incondicional. El amor es una decisión unilateral. Es decidir amar en cualquier circunstancia; en salud y en enfermedad, en riqueza y en pobreza. Es amar hasta que la muerte nos separe.

El amor incondicional no se fundamenta en las circunstancias o los sentimientos.

Cuando el amor tiene su fundamento en un compromiso inquebrantable, se experimenta una intimidad que no puede lograrse de ninguna otra manera.

El amor incondicional otorga seguridad a la relación. El matrimonio está amenazado porque le hemos dado un valor de desecho. Si no funciona, lo botamos y buscamos otra relación. Olvidamos que el amor en el matrimonio es un acto de valoración constante.

El amor en el matrimonio es un acto de valoración constante.

Cuando hay problemas, no se cambia el cónyuge por uno más nuevo. Cuando usted se lastima un brazo, no lo remplaza fácilmente; busca su sanidad para conservarlo, porque es parte de su vida, lo valora y lo aprecia. El matrimonio es igual, somos una sola carne, una sola unidad y se debe luchar hasta el final para procurar conservarlo.

Cuando se atraviesa por un momento de dolor en el matrimonio, los dos sufrimos; cuando se tiene éxito en el trabajo, los dos nos alegramos.

Cuando nos casamos debemos admitir que nos casamos con una persona imperfecta, y le permitimos a esta persona ser parte de nosotros, y nosotros ser parte de ella. Nos casamos para aceptar, admirar y amar; este es nuestro desafío.

Cuando maltratamos a nuestro cónyuge, nos herimos a nosotros mismos, porque nuestras vidas están entrelazadas.

El que ama a su cónyuge se ama a sí mismo. Cuando observa a su cónyuge, observa parte de su propio ser. Así que cuídelo, trátelo bien, hable bien de ella y de él, y valórelo todo el tiempo.

9. EL AMOR CONCEDE HONOR

Honrar a alguien significa respetarlo y tenerlo en alta estima, tratarlo como a una persona especial y de gran valor. Cuando le habla, lo hace con respeto y consideración. Porque le concede un alto honor a la persona que ama, es cortés, educado y toma en serio lo que dice.

> **El que ama siempre tiene en alta estima a la otra persona, le concede un lugar de privilegio y, en todo momento, le otorga el lugar que le corresponde.**

10. EL AMOR CULTIVA LA INTIMIDAD

Alguien que nos conoce a fondo puede amarnos con una profundidad que jamás imaginamos o puede herirnos de manera tal que nunca nos recuperemos del todo. Nadie le conoce mejor que su cónyuge; por eso la intimidad debe protegerse.

Su cónyuge no debería sentirse presionado a ser perfecto para recibir su aprobación. Su cónyuge debiera sentirse en la libertad de ser él mismo cuando está a su lado. En el matrimonio debemos caminar sin temor y sin vergüenza.

11. EL AMOR ES FIEL

La fidelidad es el valor más importante cuando hemos decidido amar. Es ser fiel a la palabra que dimos de: honrar, cuidar, respetar y ser leales en el campo de lo sexual.

Una persona fiel es libre, no tiene que ocultarse y no vive con temores.

LA FELICIDAD SE CONQUISTA

Todos tenemos derecho a ser felices sin importar la edad, la familia de origen y las circunstancias que nos rodean. La felicidad consiste en alcanzar una buena calidad de vida que nos permita vivir con alegría, ilusión, esperanza y realización. Esto lo conseguimos cuando hemos logrado conocernos y aceptarnos.

Si nos han amado en la infancia, expresándonos afecto, aceptación y admiración, nos ayuda a tener un buen concepto de nosotros mismos y tendemos a tener relaciones afectivas saludables. Pero si hemos sido heridos, abandonados o lastimados, muchas veces crecemos procurando llenar los vacíos emocionales que de niños no fueron satisfechos, y eso podría conducirnos a tener relaciones enfermizas, donde comprometemos nuestra dignidad como personas y suplicamos ser amados o toleramos el abuso con tal de ser apreciados.

Todos tenemos la necesidad de ser amados y anhelamos ser felices, deseamos conectarnos con otras personas, y tener relaciones significativas. Esto implica superar los dolores que experimentamos en la infancia o el rechazo que pudimos vivir en la juventud. Nunca es tarde para dar un giro en nuestra vida y descubrir que nacimos para brillar y no para tener una vida apagada.

Al avanzar en edad, la sociedad estigmatiza a las personas con sobrenombres que lastiman el amor propio como "solterón" o "solterona", aplicándolos a las personas que con cierta cantidad de años no se han casado. O bien, se les dice: "Lo dejó el tren". Pero lo cierto es que el tren no deja a nadie porque nunca es tarde para alcanzar la felicidad. La felicidad no es una condición que se alcanza cuando nos casamos o deja de existir cuando sobrepasamos algunos años. Es una elección que tomamos en cualquier momento de la vida, independientemente del estado civil que tengamos.

> **El tren no deja a nadie porque nunca es tarde para alcanzar la felicidad.**

La felicidad la alcanzamos cuando elegimos perdonar a quien nos abandonó, nos abusó o nos lastimó, y es necesario soltar las amarras del pasado para volver a brillar, experimentar paz y vivir con ilusión. Al mismo tiempo, debemos comprender que la vida no siempre nos da todo tal y como lo anhelamos. Nuestro nivel de felicidad crece cuando se adopta una actitud madura ante la vida, y renunciamos al capricho demandante de querer satisfacer todos nuestros deseos.

1. VIVIR BIEN

Vivir bien no significa ausencia de problemas o ausencia de dolor. Vivir bien significa establecer relaciones saludables con uno mismo, con nuestros semejantes y con Dios. Trae como consecuencia paz interior, armonía con el entorno y relaciones satisfactorias con las personas que amamos.

Logramos esta armonía cuando nos damos la oportunidad de enriquecer nuestro diálogo interno, y cuando perdonamos a quienes nos abandonaron o nos lastimaron. Todos hemos sido heridos de alguna forma y esto lastima nuestra capacidad de relacionarnos saludablemente con las personas a nuestro alrededor. Por eso es indispensable recorrer el camino del perdón para recobrar nuestra paz interna y la capacidad de amar.

Cuando elegimos amar, admirar y respetar a nuestros amigos y familiares, aumenta nuestra realización personal y establecemos vínculos saludables con los demás. Esto facilita que los demás nos puedan amar tal cual somos y nos permite disfrutar el abrazo del amigo y la caricia del abuelo.

Cuando aceptamos que todos somos diferentes y nos concentrarnos en reconocer las virtudes que identifican a quienes están cerca, es más fácil disculpar los errores de los demás y pedir perdón cuando nos equivocamos.

Vivimos bien cuando aprendemos a perdonar a quien nos lastima y a valorar a quien nos aprecia. No significa que es fácil, pero es el camino que nos toca recorrer. Escuché la historia de una persona que luego de tener varias aventuras amorosas, hoy tiene ocho hijos con cinco damas diferentes. Es una situación lamentable, porque muchas personas han sido lastimadas, utilizadas y abandonadas a causa de sus decisiones egoístas. Actualmente esta persona vive consumida por la soledad y no ha podido tener una relación estable. A pesar de los años, sigue buscando una aventura que lo satisfaga, y es probable que nunca la encuentre porque ha tomado el camino equivocado.

Vivimos bien cuando aprendemos a perdonar a quien nos lastima y a valorar a quien nos aprecia.

Cuando disfrutamos el amor de nuestra familia invertimos tiempo en compartir con nuestros amigos, transmitimos entusiasmo a quienes conocemos, tenemos relaciones provechosas con nuestros semejantes y nos integramos a la comunidad donde pertenecemos, experimentamos lo que verdaderamente significa amar y vivir a plenitud la vida.

Cuando decidimos amar, sacamos lo mejor de cada uno de nosotros y expresamos alegría y optimismo, porque el amor es el ingrediente básico para alcanzar la felicidad. Por esta razón no esperemos que nos amen, seamos personas proactivas en el arte de amar.

La falta de amor se manifiesta en desconfianza, celos enfermizos, incapacidad de aceptar los éxitos de los demás, y podríamos volvernos personas agresivas. Por eso, dejemos atrás la culpa y el resentimiento. El sentimiento de culpabilidad nos priva de la felicidad, porque como un incesante martillo, nos golpea recordándonos que no hemos hecho lo correcto. La culpa destruye nuestra confianza, nos recuerda el pasado y oscurece nuestro presente. Nos sentimos inseguros, perdemos el entusiasmo y comenzamos a lamentarnos. Por eso, para amar, necesitamos el perdón liberador de Dios.

¿Qué ocurre cuando no perdonamos al otro? Vivimos atados a ese otro y proyectamos todos nuestros problemas en la persona a quien culpamos de habernos herido. Lo que no sabemos es que seguimos pasando facturas que nadie puede pagar. La felicidad y el resentimiento no pueden coexistir.

Invertir tiempo en los demás aleja la soledad, y hacemos sentir importante a quien nos rodea. Aprendamos a darnos a los demás sin esperar nada a cambio. Tomemos tiempo para escuchar atentamente a nuestros amigos, familiares y compañeros de trabajo. Nos daremos cuenta de que manifestar un espíritu de compañerismo y un corazón hospitalario traerá felicidad a nuestras vidas.

Es tiempo de reír, conversar y compartir paseos con las personas que amamos.

2. SEAMOS PERSONAS FELICES

¿Se puede ser realmente feliz? Cuando Thomas Jefferson identificó "la búsqueda de la felicidad" como un derecho inalienable, acertó al señalar los dos requisitos más importantes para quienes deseamos gozar una buena calidad de vida:

"La felicidad es un proceso, una búsqueda, un estilo de vida. La felicidad es un hábito, un hábito que puede dominar todas nuestras demás actitudes. Otras personas pueden interferir con nuestro derecho inalienable a ser felices solo si se los permitimos".

Y esta es la conquista que debemos alcanzar para poder llegar a amar a los demás y experimentar realización al hacerlo.

La felicidad no depende de los demás, nadie nos la otorga, tampoco depende de lo que piensen o digan de nosotros, ni tampoco de las circunstancias: es mi responsabilidad y de nadie más. Si la felicidad dependiera de lo externo, entonces nuestra felicidad nos la pueden robar en cualquier momento. Sin embargo, si depende de nosotros, entonces nosotros somos quienes velamos por conquistarla y compartirla. La felicidad plena y verdadera es la felicidad a pesar de todo.

**La felicidad plena y verdadera es
la felicidad a pesar de todo.**

La felicidad es la capacidad de asumir la responsabilidad de nuestro propio proyecto de vida, decisiones y acciones. La autorrealización es la capacidad que tenemos de procurar la satisfacción de nuestras necesidades, es la responsabilidad asumida de la construcción de nuestro propio destino. Cuidemos lo que pensamos y hablamos de nosotros mismos.

La felicidad es una elección y no un estado civil, y se puede alcanzar a cualquier edad. La felicidad es un proceso, una conquista continua. La búsqueda ingenua de la felicidad permanente e inalterable es consecuencia de la necesidad de congelar la alegría más allá del tiempo que duró. La verdadera felicidad es reconocer el momento de alegría, vivirlo intensamente y soltarlo cuando ya no está, es decir, aprender a soltar lo inexistente. La felicidad no es un estado de euforia; es un estilo de vida que se aprende, es un proceso de disfrutar y renunciar. Necesitamos interpretar el pasado como fuente de inspiración, y para esto necesitamos desprendernos de él y tomar la libertad del presente para elegir, planear y soñar. Como es un proceso constante, tampoco es algo que depende de un acontecimiento futuro que no ha ocurrido. Es un error pensar: "Cuando suceda esto o aquello, seré feliz".

Decidir ser una persona feliz nos posibilita amar a quienes nos rodean, reír ante la vida y disfrutar cada instante y circunstancia. Decidir ser feliz nos ayuda a ver el mañana con esperanza.

Podemos ser felices aunque tengamos sueños no realizados, porque la felicidad conlleva una actitud positiva ante la vida. La felicidad es la capacidad de vivir con lo que existe y lo que hoy tenemos: digamos "adiós" a los ideales que se fueron o nunca llegaron. Es necesario conocer y comprender nuestros propios sentimientos para dar ese paso.

Felicidad no es un sentimiento de plenitud completa, es la búsqueda de un mejor nivel de vida; no es la ausencia de problemas, es la capacidad de sentirnos desafiados a resolverlos.

La felicidad no es una interpretación igual de las cosas para todos, es la capacidad de interpretar lo que nos ocurre, por qué nos ocurre y qué debemos asumir como reto.

La felicidad no significa perfección; es la capacidad de interpretar nuestro momento y darle el valor que tiene.

Somos felices cuando apreciamos a los que nos rodean, reconocemos sus virtudes, disimulamos sus defectos y valoramos la relación que tenemos. La felicidad no significa que todos somos iguales, significa que hay polaridad en las cosas y lo aceptamos: hay noche y hay día, hay guerra y hay paz. La felicidad es la construcción de una aceptación de las diferencias.

Somos felices cuando soltamos a las personas para que sean ellas o para que partan. Todo nació para terminarse: el hijo que tanto se ha amado, un día se va y ama a otra persona con prioridad; la muerte del ser querido; un amor de juventud; una niñez ideal con seres amados. Aferrarnos a los demás hace que nuestra felicidad dependa de ellos y nos pone a su merced, en lugar de tomar nosotros un papel activo en la consecución de nuestra propia felicidad.

Somos felices cuando tenemos un corazón agradecido, porque es lo que nos permite apreciar los pequeños detalles que los demás tienen con nosotros. La llamada del amigo, el abrazo del compañero, la palabra de ánimo del cónyuge o el abrazo de nuestro hijo.

Somos felices cuando aceptamos cada situación de la vida como una oportunidad para crecer, para aprender algo nuevo, para enriquecernos y para compartir lo que tenemos con los demás.

3. CONQUISTAR LA ALEGRÍA

Cuando decidimos sonreírle a la vida, la mente y el cuerpo comienzan a trabajar coordinadamente y toda la energía disponible del organismo comienza a fluir de una manera suave y continua. La vida cobra más significado, sentimos que somos más amables y deseamos entregarnos desinteresadamente a los demás. Es lo que nos permite apreciar el entorno, ser más compasivos, amorosos y facilitamos la unidad con nuestra familia y amigos. La alegría es el resultado de un estado de ánimo propio de la felicidad, que proporciona paz, serenidad, reflexión y deseos de vivir.

Cuando la familia vive en armonía, hay sonrisas, buen humor, seguridad y un alto sentido de pertenencia. Sale a relucir lo mejor de nosotros y trae sanidad al cuerpo y paz al alma. No tenemos que sentirnos mal por sentirnos bien, debemos aprender a disfrutar cada momento, cada circunstancia y cada desafío. Esto me lo enseñó mi papá. Él murió a los 92 años, se levantó de muchas enfermedades, pero nunca perdió la alegría por la vida. Tenía un buen humor, cantaba, disfrutaba el amor de sus hijos y de sus nietos. Papá siempre estaba alegre y a todo le encontraba sentido. Su corazón de servicio le llevó a ganarse el respeto de presidentes, ministros de Estado, educadores, autoridades de la comunidad y el aprecio de las personas que lo conocían. Era un gran amigo y buscaba siempre cómo ayudar a los demás. Por eso, y porque un día fue amado por mi mamá, mi papá disfrutó la vida hasta el final. Dios lo llenó de alegrías, gozo y paz. Su legado queda guardado en nuestros corazones para siempre.

Si ponemos nuestra confianza en Dios y decidimos ser agradecidos, nos será fácil amar a los que nos rodean, porque hemos abierto la puerta para disfrutar la vida.

4. EL PODER DEL AMOR

El amor hace florecer un desierto, hace que una planta crezca, que el corazón herido se sane y que un hijo se reconcilie con el padre. El amor agradece, abraza, acaricia, y se arma de la valentía necesaria para disculparse.

> **El amor hace florecer un desierto, hace que una planta crezca, que el corazón herido se sane y que un hijo se reconcilie con el padre.**

El amor hace que el corazón duro se enternezca y la herida más grande se sane.

El amor de Dios acercó el cielo a la tierra, y vino a rescatar lo que se había perdido, nos reconcilió con el Padre y nos buscó hasta encontrarnos.

El amor cubre multitud de pecados y sana las heridas más profundas. No podemos vivir sin amar y sin dejarnos amar.

El amor es la fuerza más poderosa que ha existido. Sin amor es imposible crecer y encontrar nuestro lugar en el mundo. El amor hace que lo imposible sea posible.

Cuando el amor nos hace despertar, la rebeldía se disipa; el orgullo da lugar a la humildad y el rencor a la reconciliación.

Cuando hay amor, se extraña, se valoran los detalles, las palabras que animan, el abrazo sincero, y se ofrece el hombro en el que se puede llorar. Cuando hay amor, la unidad crece, la confianza se afirma y la relación se fortalece. Cuando hay amor, somos fuertes de verdad.

El amor no crece solo, se edifica con pequeños detalles: una llamada inesperada, un "te amo", un fuerte abrazo, una disculpa o simplemente un "te estaba esperando".

El amor es el arte de construir juntos en una misma dirección, donde no dependemos, nos complementamos. No nos absorbemos, nos acompañamos.

El amor cree lo mejor del otro y disculpa lo que no está bien. Por eso cuando amamos, defendemos al amigo, al cónyuge y a los hijos. No toleramos que alguien más les critique, y al mismo tiempo nos abstenemos de criticar, porque en lugar de ver lo que no hace bien, el amor nos conduce a admirar sus virtudes y a disimular sus defectos.

Cuando hemos decidido amar, no vemos los defectos del presente, sino como Dios lo ve y como un día llegará a ser. Por eso, el ángel del Señor describe a Gedeón como a un hombre valiente y esforzado, aunque él mismo no creía lo que estaba escuchando (Jueces 6). Si cada uno de nosotros pudiera ver a los demás como Dios los ve, nos sería fácil amar, porque traeríamos afirmación y ánimo.

Es fácil amar cuando el corazón está sano. Por eso es necesario recorrer el camino que nos conduce a la paz interior y potenciar nuestra capacidad de apreciar a los demás.

El amor se mantiene firme en medio de las pruebas y dificultades, porque un día prometió estar presente en las buenas y en las malas.

No deje que la traición y el maltrato dañen su capacidad de amar. Si se encuentra lastimando, humillando y reclamando constantemente, alguien le lastimó y actúa como víctima y no como una persona libre.

Para recobrar la capacidad de amar, hay que volver a confiar, y eso se logra cuando abrimos el corazón.

A menos que experimentemos sanidad en nuestras emociones y seamos enseñados en el arte de amar, será difícil expresar afecto y dejarnos amar. Es el amor lo que nos hace ser generosos, desinteresados y apasionados. Nos invita a disculparnos cuando hemos lastimado y tiende puentes que facilitan la reconciliación.

Convivir es aprender a interactuar con otras personas, y lo logramos a partir de reconocer que tienen dignidad, y que merecen nuestro respeto, aprecio y admiración. Es el respeto mutuo lo que evita la violencia, la agresión y el maltrato. Por eso, amar es aprender a vivir juntos, y aportar lo mejor que tenemos en beneficio de la persona que tengo a mi lado. Esto requiere identificarme con ella y demostrarle que me importa su alegría y su dolor, me identifico con sus dudas y valoro sus reflexiones. Esto implica aprender a escuchar sin juzgar, llorar con el que llora, y detenerme con él para ayudarle a levantarse de nuevo. Pero muchas veces tenemos miedo de amar, porque no queremos ser heridos nuevamente y esto nos detiene o bien nos aísla. Por otro lado, confundimos el amor con poseer y, por consiguiente, llegamos a llenarnos de celos que lastiman la relación.

Amar es elegir todos los días permanecer juntos, para valorar lo bueno que le identifica y disimular sus defectos. Es entonces cuando podemos decir que: *"Las muchas aguas no podrán apagar el amor, ni lo ahogarán los ríos"* (Cantares 8:7, RVR60)

VENCER LA SOLEDAD

Qué difícil es amar si nos aislamos, como bien lo dijo la Madre Teresa de Calcuta:

> *"La soledad es la lepra de nuestro tiempo y las personas no quieren que los demás sepan que son leprosos".*

No nacimos para vivir aislados o separados de los demás, nacimos para amar y dejarnos amar, para complementar a otros y permitir a los demás que nos complementen. Por eso, en la creación Dios dijo: *"… No es bueno que el hombre esté solo…"* (Génesis 2:18)

> Nacimos para tener amigos cercanos y vivir en familia, y para lograrlo, debemos ser personas amables, respetuosas, y dispuestas a identificarnos con las necesidades de los demás y a estar cerca para hacer crecer la relación.

> *"Preocupémonos los unos por los otros, a fin de estimularnos al amor y a las buenas obras".* (Hebreos 10:24)

Jesús era amigo de Lázaro y de sus hermanas Marta y María. Su casa era una de sus preferidas. La amistad fue tan cercana que cuando Lázaro se enferma, sus hermanas le enviaron a Jesús un mensaje que solo nace de un amor profundo, y de la amistad que se había cultivado en conversaciones intensas, visitas regulares y risas compartidas. Es esto lo que hace que surja la confianza necesaria para llamar al amigo amado. Le enviaron un mensaje con sentido de urgencia: *"Las dos hermanas mandaron a decirle a Jesús: «Señor, tu amigo querido está enfermo»"* (Juan 11:3).

Nacimos para estar ahí en los momentos cruciales de la vida, para complementar y dejarnos complementar, nacimos para consolar y animar. Por eso Dios dijo: *"No es bueno que el hombre esté solo. Voy a hacerle una ayuda adecuada"* (Génesis 2:18). Para ese momento Adán tenía una comunión íntima con Dios, una comunicación fluida y llena de confianza. Disfrutaba del jardín, y todo caminaba en armonía, pero Dios sabía que lo había creado con la necesidad y la habilidad de amar y ser amado. Por lo tanto, es bueno que tengamos a quien amar. Alguien con quien compartir sueños, proyectos y conversaciones intensas y amenas. Alguien con quien caminar en una misma dirección, alguien a quien animar, consolar y escuchar.

El trabajo, los lujos, los bienes y el dinero no sustituyen a los amigos, al cónyuge, a los hijos, y a los padres. Necesitamos amar; entregarnos, sacrificarnos por alguien más y vivir en comunidad. Aún recuerdo cuando era niño y mi papá llegaba de viaje. Nuestra alegría era extrema porque nos llevaba cosas que no se conseguían en el pueblo donde vivíamos. Nos expresaba su amor diciéndonos que pensó en nosotros cuando estuvo lejos, y que deseaba llegar a casa para ver nuestra alegría. No eran regalos costosos, simplemente era una expresión de cariño, un detalle que decía "te amo" sin palabras.

Los triunfos están para ser compartidos con las personas a las que amamos. Aún recuerdo cuando nuestro hijo Daniel nos invitó a un torneo de *kick boxing* en el que iba a competir y nos dijo: "Me gustaría que estén conmigo". Yo tenía una conferencia a tres horas del lugar de la competencia y lo arreglamos todo para llegar a tiempo. Él nos había reservado un lugar entre las mil personas presentes. El momento fue emocionante y nos esperaba con ilusión. La competencia estuvo muy intensa y nosotros gritábamos respaldando a Daniel.

Al final ganó, lo acompañamos en su triunfo y lo felicitamos. Su emoción era desbordante y nos decía: "Quien más se escuchaba era mamá. Sus gritos llenaban todo". Eso me emocionó mucho porque pudimos disfrutar un momento significativo con Daniel. Nada sustituye la emoción de estar con las personas que más amamos en los momentos más importantes de la vida. Ninguna victoria se disfruta tanto como cuando somos acompañados por los que amamos.

> **Ninguna victoria se disfruta tanto como cuando somos acompañados por los que amamos.**

Eclesiastés nos indica que trabajamos para dejar un legado a la siguiente generación. Todos soñamos con dejar a nuestros hijos en un mejor lugar y, cuando los vemos brillar, sentimos que nuestra alegría alcanza su máxima expresión. Aún recuerdo cuando mis padres nos ayudaron a comprar nuestra casa y la casa de mis hermanos. Su emoción y alegría no tenían comparación, mientras ellos vivían en la misma casa en donde habíamos crecido. Su amor era desbordante y su realización era inspiradora. Por eso amar es soñar con algo mejor para la generación que nos sigue.

La meta es dejar una herencia para las personas a las que amamos. Luchamos y nos sacrificamos para que las personas a las que amamos tengan mejores oportunidades que las que nosotros tuvimos, y cuando vemos a los nuestros progresar, nuestro gozo es cumplido.

Somos miembros de un gran cuerpo y nos necesitamos unos a otros, así lo indica Pablo; "... *todos somos miembros de un mismo cuerpo*" (Efesios 4:25). Por eso, para hacer crecer el amor, no podemos buscar la satisfacción de nuestros deseos de forma egoísta, sino debemos procurar el bienestar de los demás como lo indica Pablo; "*Cada uno debe agradar al prójimo para su bien, con el fin de edificarlo*" (Romanos 15:2). "... *nadie busque sus propios intereses, sino los del prójimo*" (1 Corintios 10:24).

Salimos de nuestra soledad cuando decidimos darnos a los demás desinteresadamente, con generosidad y compasión. Cuando nos mostramos amigos, encontramos amigos.

1. PARA SUPERAR LA SOLEDAD

Déjese amar por Dios. Él nos dice que con amor eterno nos ha amado y nos ha buscado hasta encontrarnos. "*Hace mucho tiempo se me apareció el Señor y me dijo: «Con amor eterno te he amado; por eso te sigo con fidelidad…*" (Jeremías 31:3).

Conozca a Dios como a un Padre que nos perdona y nos acepta tal cual somos. Jesús expone este amor en la parábola del hijo pródigo, en Lucas 15:11-32. Dios nos espera con los brazos abiertos, nos perdona y hace fiesta porque hemos regresado a casa.

Para comprender el amor de Dios, Él debe ser revelado a nuestras vidas. Dios es: "*Consejero admirable, Dios fuerte, Padre eterno, Príncipe de paz*" (Isaías 9:6). Dios no solo es nuestro creador, sino que se manifiesta como nuestro Padre. Por eso, cuando Jesús enseña a sus discípulos a orar les dice que se acerquen a

Dios y le llamen: *"Padre nuestro..."* *"Ustedes deben orar así: «Padre nuestro que estás en el cielo, santificado sea tu nombre»..."* (Mateo 6:9).

Somos amados por Dios como a hijos, y Él provee la seguridad de Su amor al aceptarnos y recibirnos tal cual somos. Sabemos que se preocupa por nosotros, porque tiene compasión, misericordia y suple todas nuestras necesidades. Con amor eterno nos ha amado. Cuando nos vemos como hijos amados, salimos de nuestro aislamiento y recuperamos la capacidad de entregarnos a los demás.

> **Cuando nos vemos como hijos amados, salimos de nuestro aislamiento y recuperamos la capacidad de entregarnos a los demás.**

Dios se compromete a amarnos siempre y en medio de toda circunstancia. Por eso nos dice:

> *Sin embargo, en todo esto somos más que vencedores por medio de aquel que nos amó. Pues estoy convencido de que ni la muerte ni la vida, ni los ángeles ni los demonios, ni lo presente ni lo por venir, ni los poderes, ni lo alto ni lo profundo, **ni cosa alguna en toda la creación podrá apartarnos del amor que Dios** nos ha manifestado en Cristo Jesús nuestro Señor.*   (Romanos 8:37-39)

Esto nos otorga la seguridad necesaria para superar la soledad y el miedo. El amor de Dios no se condiciona, nos ama en cualquier circunstancia, y nos asegura que estará con nosotros siempre.

La seguridad de la presencia de Dios en nuestras vidas provee gran seguridad y confianza. Por eso nos dice:

* *"Cuando cruces las aguas, yo estaré contigo; cuando cruces los ríos, no te cubrirán sus aguas; cuando camines por el fuego, no te quemarás ni te abrasarán las llamas".* (Isaías 43:2)

* *"Fíjense en las aves del cielo: no siembran ni cosechan ni almacenan en graneros; sin embargo, el Padre celestial las alimenta. ¿No valen ustedes mucho más que ellas?".* (Mateo 6:26)

* *"Por amor a su gran nombre, el* Señor *no rechazará a su pueblo; de hecho él se ha dignado hacerlos a ustedes su propio pueblo".* (1 Samuel 12:22)

* *"El* Señor *mismo marchará al frente de ti y estará contigo; nunca te dejará ni te abandonará. No temas ni te desanimes»".* (Deuteronomio 31:8)

* *"Nadie podrá hacerte frente mientras vivas. Pues yo estaré contigo como estuve con Moisés. No te fallaré ni te abandonaré."* (Josué 1:5, NTV)

Dios nunca nos va a abandonar, estará con nosotros siempre, y nos guía paso a paso porque es nuestro Padre. Por eso nos dice: *"El gran amor del* Señor *nunca se acaba, y su compasión jamás se agota".* (Lamentaciones 3:22)

¿POR QUÉ PARECE DIFÍCIL AMAR?

El amor une a las personas. Por eso un hombre y una mujer se comprometen en amarse hasta la muerte y luchan por sostener vivo el vínculo que les permite trascender en hijos y en historias compartidas. Es el amor el que hace que los padres no abandonen a sus hijos, y los amigos se mantengan fieles a pesar de los errores cometidos.

Cuando caminamos juntos, terminamos pareciéndonos, apreciamos los pequeños detalles y descubrimos que el amor crece mientras superamos los momentos difíciles.

Es el amor el que hace que Jesús tenga a Lázaro como "el amigo al que ama", o decida hacerse acompañar por doce discípulos a los que llega a llamar "amigos", y entre ellos tenía a tres que eran sus amigos más cercanos, como lo eran Pedro, Jacobo y Juan. Aun más, Juan se hace llamar el discípulo al que Jesús amaba.

Todos necesitamos amar y ser amados, es decir, tener amigos cercanos en los cuales confiar, y con los que podemos conversar cosas que no le diríamos a cualquier persona. Amigos que nos escuchen y a los cuales escuchar. Amigos a los que podamos ayudar y que nos extiendan una mano cuando lo necesitemos.

Todos necesitamos amigos con los que podamos reír, llorar, y vivir aventuras. Amigos que extrañemos cuando estemos lejos y disfrutemos su compañía cuando estamos cerca.

Es el amor el que hace que Jacob trabaje por Raquel siete años, y *"como la amaba tanto, le pareció poco tiempo"* (Génesis 29:20). El amor hace que el tiempo pase rápido; es el que permite que nos sacrifiquemos por la otra persona y vivamos las situaciones difíciles llenos de esperanza. Sin embargo, hoy más que nunca encuentro personas que le temen al amor, es decir, al compromiso y a las relaciones perdurables en el tiempo. Algunos piensan que deben "disfrutar" la vida antes formar una relación estable. Les parece más apropiado pensar en sí mismos y en su "éxito social", en vez de considerar la idea de sacrificarse por un amor que nos permita trascender y nos invite a entregarnos completamente.

Muchos han dicho: "Quiero viajar primero", "quiero disfrutar", "deseo ser profesional y alcanzar un buen estatus económico antes de casarme". O bien, dicen: "La vida está muy cara para casarme y tener hijos". No es un secreto que casarse y tener hijos requiere grandes sacrificios. Cuando nos convertimos en cónyuges o nos aventuramos al mundo de la crianza, nada gira en torno a nosotros; somos nosotros los que giramos en torno a las personas que amamos.

Sin embargo, poco se habla de lo bonito, satisfactorio y emocionante que es vivir para alguien más, en vez de para sí mismos; lo bonito que es dar la vida sin reservas, en vez de poner en el primer lugar los propios intereses; ayudar a otro a crecer, madurar y realizarse, en vez de perseguir exclusivamente los sueños individuales. Las excusas sociales para retardar el inicio de una familia podrían seguir, pero en el fondo, todos deseamos amar y ser amados, tener una familia por la que nos sacrifiquemos y disfrutar la ilusión de entregarnos por alguien más. Nadie dijo que sería fácil, pero nada es mejor que dar la vida por el amigo, y entregarnos por el hermano que amamos.

Creo que hay razones sociales que han fortalecido estos paradigmas y se han convertido en moda. Por ejemplo, luego de la revolución industrial, las mujeres han aumentado su participación en el campo laboral, y esto ha hecho que hoy, en la mayoría de los hogares, ambos esposos trabajen más de ocho horas diarias. A esto debemos sumar el crecimiento de las ciudades, lo cual ha creado mayor competitividad y congestionamiento vial que añade dos o tres horas en el tráfico para llegar a la casa.

El costo de la vida ha aumentado y obliga, tanto al esposo como a la esposa, a tener que trabajar. Ante esta realidad, el estrés crece, la estadística de los divorcios aumenta año tras año, y la nueva generación, en un 50 % o más, han tenido que vivir el trauma de ver a sus padres divorciados. Esto hace que el temor al compromiso crezca porque no se desea fracasar.

Por otro lado, el nivel de tolerancia es muy bajo en la actualidad, y esto hace que muchos matrimonios lleven en la mente la cláusula de salida: "Si no funciona, nos divorciamos".

Junto a esta realidad, llegó el avance tecnológico y, con él, las redes sociales, creando la fantasía de cercanía con personas lejanas a las que muchos les han llamado "amigos". Las investigaciones han concluido que, aunque una persona puede compartir información en redes sociales con "amigos virtuales", esto no puede sustituir la relación cercana con amigos reales.

Sin darnos cuenta, la adicción a las redes sociales ha aislado a las personas y las ha hecho vivir viajes de depresión y soledad, porque por más "me gusta" o comentarios que reciban, no logran obtener los mismos beneficios emocionales que otorgan el abrazo del hermano, la sonrisa de los amigos y el afecto de los padres.

Otra de las razones que conducen a la falta del compromiso, y que limita las relaciones perdurables, es que las personas no desean ser lastimadas. Por eso, muchos no quieren comprometerse a tener relaciones cercanas con otros, porque no desean que se repita la historia de dolor.

Amar implica correr el riesgo de ser lastimado y vivir decepciones; esto es inevitable. Pero cuando decidimos asumir la aventura con valentía, superamos las crisis y los momentos difíciles.

Es frecuente encontrar mujeres que dicen que los hombres tienen temor al compromiso, y cuando escucho a muchos jóvenes me doy cuenta que ellas tienen razón. Es muy interesante, porque las mujeres tienden a idealizar las relaciones y los hombres se han llenado de miedo, y por eso no desean comprometerse. Esta ecuación no ha funcionado bien, porque mientras las mujeres han seguido creciendo en su realización profesional, algunos hombres se han quedado en la mediocridad del "disfrute momentáneo". Por eso, ellas dicen: "Quisiera casarme, pero ¿cómo hacerlo si él no estudia y se conforma con poco?".

Otro fenómeno que evidencia el miedo al compromiso lo viven noviazgos que llevan años juntos, sin decidir seguir al siguiente nivel, y aunque ella desea casarse, él no toma la decisión. Las razones son múltiples. Una de ellas es que los noviazgos que están sexualmente activos, en un alto porcentaje, terminan porque piensan: "¿Para qué comprometerse si ya lo tengo todo sin la responsabilidad y el compromiso del matrimonio?".

Otra razón es que el hombre no toma la decisión porque no se siente capacitado para llevar adelante una familia. El miedo lo alimenta el hecho de que nos ha faltado educación en cuanto a lo que significa ser hombre. Nuestra masculinidad ha sido influenciada por temores sociales producto del pasado familiar. Pero no podemos quedarnos buscando excusas del porqué no nos comprometemos. Todos debemos asumir el reto de construir relaciones fuertes fundamentadas en el amor.

La gran mayoría de las personas hemos experimentado fracasos en la vida, y la mayoría venimos de familias con alguna dificultad. Mi mamá consolidó la familia con mi papá a pesar de que era hija de una aventura extramatrimonial, y de que su mamá la abandonó siendo niña. Ella crece con una tía, y en medio de sus carencias afectivas se levanta como una mujer llena de sueños, y cuando se casa con mi papá, se compromete hasta la muerte con sus hijos. Murió hace mucho tiempo, pero nos enseñó a amar a Dios, el valor del trabajo, a servir a los demás y nos enseñó que Dios guiaría nuestros pasos. Mis hermanos y yo podríamos haber sido víctimas del pasado que vivió mi mamá, pero nunca se rindió, y nos dejó en el valle de la fe, la esperanza y el amor.

Las situaciones adversas que hemos vivido han formado nuestro carácter, nos han dado lecciones maravillosas, nos hacen humildes y a la vez, sensibles a las necesidades de los demás. Todos nos hemos equivocado en algún momento, y hemos lastimado a los demás. Pero nada de esto sobra en nuestras vidas, porque estas experiencias nos hacen crecer y desarrollan la habilidad de identificarnos con los que tenemos cerca.

Muchas veces necesitaremos que otros nos levanten las manos, y en otros momentos somos nosotros los que levantaremos a los demás. La adversidad nos entrena para la vida y nos capacita para ser sensibles con los que hemos decidido amar.

No importa cómo analicemos las experiencias que hemos vivido, debemos superarlas para poder amar en el presente de la mejor forma. Es tiempo de dejar atrás el resentimiento, la amargura, el deseo de venganza y el reclamo interminable. Es indispensable superar el dolor, porque de lo contrario, nos será difícil amar y dejarnos amar.

Cuando logre identificar que le es difícil amar, busque la ayuda necesaria para superar lo que le detiene. Puede ser que tengamos que superar el temor al compromiso, los celos que nos conducen a lastimar a los que amamos, o bien debemos trabajar con nuestro egoísmo y dejar atrás el deseo de solo autocomplacernos. Puede ser que tengamos que trabajar las habilidades relacionales y debemos aprender a mostrarnos amigos de los demás; o puede que tengamos que armarnos de humildad para mostrarnos vulnerables y así permitir a los que tenemos cerca que nos extiendan su mano.

Me inspira Jesús, porque pide a sus amigos que le acompañen a orar, ya que ha llegado su hora. Su dolor era tan fuerte, que invita a Pedro, Jacobo y Juan a que oren con él y pidan al Padre que le llene de fortaleza.

Luego fue Jesús con sus discípulos a un lugar llamado Getsemaní, y les dijo: «Siéntense aquí mientras voy más allá a orar». Se llevó a Pedro y a los dos hijos de Zebedeo, y comenzó a sentirse triste y angustiado. «Es tal la angustia que me invade, que me siento morir —les dijo—. Quédense aquí y manténganse despiertos conmigo». Yendo un poco más allá, se postró sobre su rostro y oró: «Padre mío, si es posible, no me hagas beber este trago amargo. Pero no sea lo que yo quiero, sino lo que quieres tú». Luego volvió adonde estaban sus discípulos y los encontró dormidos. «¿No

pudieron mantenerse despiertos conmigo ni una hora?
—*le dijo a Pedro*—. (Mateo 26:36-40)

Jesús invita a sus amigos a que le acompañen en su dolor, abre su corazón y se muestra vulnerable. Se refugia en el Padre Celestial y es ahí, en el secreto con Dios, donde es fortalecido por los ángeles y recibe la fuerza para enfrentar el momento más difícil de su vida. Pero llega a ese momento con sus amigos. Sus discípulos no eran perfectos, en ese momento se durmieron, luego Pedro lo niega tres veces, Tomás no cree en la resurrección, pero los sigue amando incondicionalmente. A Pedro nunca le reclama el por qué lo negó, a Tomás lo afirma en la fe y a los otros discípulos se les aparece resucitado para animarlos y afirmarles en Su amor.

Cuando aprendemos a amar de esta forma somos capaces de superar las crisis más severas, y eso nos permite ver que vale la pena luchar hasta el final por las personas que han estado con nosotros por tantos años.

Identificar que tenemos conflictos internos por superar es el primer paso para amar a los demás. Los demás no siempre tienen la culpa de todo, siempre hay algo en lo que debemos trabajar. Por eso, salga del aislamiento, renuncie al miedo, y déjese amar por los que tiene cerca.

> **Salga del aislamiento, renuncie al miedo, y déjese amar por los que tiene cerca.**

En una ocasión un hijo llevó a mi oficina a su mamá porque tenía seis años de vivir un luto profundo por la muerte de su hijo menor. Se había encerrado en una habitación a llorar a su hijo, quien murió en un accidente. Su rostro estaba triste y su luto le demudó su semblante. Hablamos un rato y le llevé a comprender que no tenía que dejar de amar a su hijo, que lo más hermoso que tenía era el recuerdo de los buenos momentos que habían vivido. Le solicité que me contara cómo era su hijo. Rió, recordó los años maravillosos que había vivido con el hijo que partió y renunció al temor que la tenía atrapada en el pasado. Ella sentía que si renunciaba a su duelo, estaba traicionando a su hijo, y no quería renunciar al amor que le tenía. Al reconocer que el amor que tenía estaría ahí para siempre, y que su tesoro era el valor de los recuerdos, salió de su encierro y recobró la alegría de vivir. Fue extraordinario ver a su hijo reír con ella, y de un momento a otro le dijo: "Mamá, te extrañamos y te necesitamos. Tu familia te necesita. Queremos amarte y necesitamos tu amor". Ambos se abrazaron y lloraron juntos. El temor detenía a esta madre que se quedó atrapada en un profundo dolor.

Su familia lo necesita, necesita sus abrazos, su sonrisa, su alegría, sus bromas, sus consejos y vivir momentos inolvidables con usted. Por eso, renuncie a lo que le detiene, y déjese amar por los que le aman.

Abrir nuestro corazón a los otros no es un signo de debilidad. Es a través de este acto de humillad que podemos amar y ser amados. Todos necesitamos disfrutar de las bondades del amor que los demás nos tienen.

Por todo lo que hemos conversado, declare el amor que siente por los demás, formalice la relación que tiene con la persona que le gusta, discúlpese con sus padres por haberles gritado; ellos merecen algo diferente. Discúlpese con su hija por haberla humillado ante sus amigas, y con un suave abrazo, pida perdón a su cónyuge por haberle menospreciado.

Renuncie a la idea de terminar su matrimonio por la discusión que tuvieron. Más bien, ármese de valor y en una deliciosa cena pida perdón, y decidan que lo intentarán una y mil veces más.

Las relaciones que construyen recuerdos son las que se han extendido en el tiempo, por eso, hagan que el amor que les une dure muchos años más. Superen las crisis y crezcan en el arte de expresarse amor de la mejor forma posible.

Vivamos de tal forma el amor que nos une, que nuestros hijos deseen repetir la historia que en casa hemos experimentado. No tenemos una familia perfecta, porque nadie la tiene; más bien, tenemos una relación fuerte porque conociéndonos, hemos decidido aceptarnos, apreciarnos y amarnos. Superamos los conflictos sin herirnos y decidimos que este amor es para siempre.

Cada uno de nosotros tiene una forma particular de amar, y cuando nos damos la libertad de ser nosotros mismos y generamos el espacio para que las otras personas no tengan que fingir cuando están con nosotros, nuestra relación se fortalece.

Si se pregunta, ¿por qué le tengo temor al compromiso? ¿Por qué cuando las cosas se ponen serias, tiendo a huir? ¿Por qué decimos; "no me quiero enamorar", o bien, "no tengo tiempo para el amor"? La respuesta no la tienen las personas que le rodean, la respuesta está en su corazón. ¿Por qué corro si más bien deseo amar y ser amado? ¿Qué me detiene para amar?

¿Por qué corro si más bien deseo amar y ser amado? ¿Qué me detiene para amar?

LOS AMIGOS SE AMAN INCONDICIONALMENTE

En todo tiempo ama el amigo, y es como un hermano en tiempo de angustia". (Proverbios 17:17, RVR 60)

Nadie puede recorrer la vida sin tener amigos a los cuales amar. Todos necesitamos compartir con alguien más nuestras lágrimas, hablar de nuestras metas, sueños y temores. Una persona con la cual nos sintamos cómodos y confiados.

Todos los seres humanos requerimos algo que nos una a otros, algo que nos dé un sentido de pertenencia y que nos haga sentirnos valorados, apoyados y seguros. Por eso, necesitamos amigos cercanos con los cuales podamos compartir alegrías y tristezas. Alguien que nos tome de la mano en medio de nuestros momentos difíciles, y de quien podamos recibir un "te amo" sincero. Amigos que recuerden la canción que se nos ha olvidado y se rían nuevamente cuando nos escuchen contar la misma historia una vez más. Amigos con los cuales podamos confesar nuestros errores y de los cuales recibamos un buen consejo.

Uno solo puede ser vencido, pero dos pueden resistir. Si uno se equivoca, el otro lo puede corregir. Si uno va por el camino equivocado, el otro le puede advertir el peligro. Si uno se molesta en extremo, el otro lo puede tranquilizar. Son los amigos los que nos animan a ser una mejor persona.

Uno solo puede ser vencido, pero dos pueden resistir. Si uno se equivoca, el otro lo puede corregir.

1. LA AMISTAD, EL INICIO DE LAS BUENAS RELACIONES

Todos deseamos tener buenos amigos, amigos con los cuales compartir ilusiones y tristezas. Por eso, todos debemos aprender a ser buenos amigos.

Un amigo surge muchas veces de circunstancias inesperadas, de una gran necesidad, de un gesto amable, de una ayuda casual que une dos corazones para siempre. Pero no puede quedarse en eso. Las buenas amistades dependen de la disposición de una persona de dar el primer paso y desarrollar una relación creciente.

La amistad no crece a partir de lo que otros nos dan; la amistad crece a partir de nuestra entrega. Porque quien desea tener amigos debe mostrarse amigo primero, y esto implica salir de nuestro aislamiento para dar lo mejor que tenemos a los que nos rodean.

Para tener amigos tenemos que aprender a ser nosotros mismos. No intentemos ser las personas que no somos para complacer a otros. Si caemos en esa trampa, podemos llegar a pagar un precio muy alto. Hay muchos que desesperadamente quieren ser aceptados, y hacen hasta lo imposible con tal de romper la barrera.

La amistad requiere que demos espacio a los amigos para ser ellos mismos y que actúen de acuerdo con sus propios sentimientos. Cuando somos intolerantes con las personas, perdemos el derecho de mantener su amistad. La intolerancia conduce a la crítica e irritabilidad que destruyen las buenas relaciones.

Los amigos de verdad saben ser tolerantes, saben que nadie es perfecto, disimulan los errores y se mantienen firmes a pesar de cualquier adversidad. No solo se dedican a hablar, sino que también saben escuchar.

Cuando pensamos en un amigo, pensamos en alguien que nos acepta y valora, nos inspira confianza, es con quien compartimos momentos importantes, alguien con quien reímos, soñamos y celebramos esos logros porque nos motivan. Pero los amigos también nos acompañan en el momento del dolor, se identifican con nosotros en los tiempos de necesidad, son cercanos, confidentes y nos respetan tal cual somos.

Los amigos son ángeles que nos sostienen las manos en alto cuando las fuerzas parecen abandonarnos. El amigo da una palabra que aclara el camino, un abrazo sincero, una sonrisa espontánea, una llamada imprevista, y una entrega sincera.

La amistad es el mejor antídoto contra el estrés y la soledad, mantiene nuestros cuerpos saludables y hasta añade años a nuestra existencia. Las relaciones de amistad alivian el revuelto mundo exterior, llenan los vacíos emocionales que experimentamos y nos ayudan a recordar quiénes somos en realidad. El abrazo de un amigo hace que uno se sienta bien todo el día, porque es agradable, alivia las tensiones, tranquiliza el espíritu, eleva la confianza, trae consuelo, aleja la soledad, y es que... ¡qué agradable se siente el abrazo de un amigo!

Los amigos de verdad trascienden el tiempo y la distancia. Un amigo es aquel que llega cuando todo el mundo se ha ido, y es el que queda cuando otros se rinden.

> **Un amigo es aquel que llega cuando todo el mundo se ha ido, y es el que queda cuando otros se rinden.**

Una de las cosas más importantes que debemos hacer es elegir a nuestros amigos, porque son una gran influencia sobre nosotros y pueden ser de gran ayuda.

Si tiene a su lado a alguien a quien pueda llamar amigo, cuídelo, es un gran tesoro. Si no tiene a esa persona especial a su lado, búsquela.

2. UN AMIGO...

ACOMPAÑA DE FORMA INCONDICIONAL EN EL VIAJE DE LA VIDA

Los amigos nos acompañan en diferentes circunstancias, pero los mejores amigos se quedan con nosotros cuando todos se han marchado. Un amigo levanta al otro cuando cae, lo afirma cuando duda y lo defiende cuando es atacado. Cuando actuamos así, nos hemos convertido en amigos de verdad.

En ocasiones, tenemos amigos que nos acompañan durante muchos años, y algunos se quedan con nosotros hasta el final de nuestros días. Otros entran en nuestras vidas en un momento específico y caminan con nosotros un tiempo, luego, por circunstancias de la vida, se marchan, pero nos dejan recuerdos memorables. Si nos volvemos a encontrar con ellos, es como si el tiempo no hubiera transcurrido. Un buen amigo no se olvida fácilmente, y no importa la distancia, al encontrarnos es como si nunca hubiésemos estado distantes.

Los amigos son el regalo de Dios para nuestras vidas, los que nos abrazan cuando estamos cansados, los que nos hacen reír cuando estamos tristes, los que oran por nosotros cuando estamos lejos. Aprecian nuestros éxitos y se identifican con nosotros en los momentos difíciles. Saben reír con nosotros y nos acompañan cuando lloramos.

Un buen amigo advierte el peligro, nos aconseja y respeta nuestra decisión. No nos recrimina los errores del camino, y nos levanta cuando hemos fallado. El consejo del amigo es bálsamo para el alma, estímulo para seguir y guía que se aprecia.

Los amigos nunca están realmente lejos y siempre están ahí cuando los necesitamos. Son capaces de responder con prontitud y corren para acompañarnos cuando los necesitamos. Tener un amigo nos ayuda a no sentirnos solos, a superar momentos difíciles, a sentirnos acompañados, y hace más llevadero el recorrido de la vida.

ACEPTA GENTILMENTE LO QUE SOMOS

En una relación de amistad no se pretende cambiar a la otra persona a nuestra forma de pensar; simplemente le aceptamos tal cual es. Los amigos no critican nuestro comportamiento, respetan nuestra forma de pensar y escuchan con atención lo que decimos.

> **Los amigos no critican nuestro comportamiento, respetan nuestra forma de pensar y escuchan con atención lo que decimos.**

Los amigos se aceptan tal cual son, y están juntos porque disfrutan la compañía el uno del otro. Muchas veces disculpan nuestros errores porque valoran más la amistad que nos une. Los amigos de verdad saben ser tolerantes, disimulan nuestros errores y se mantienen cerca en la adversidad. ¡Qué bien cae la palabra de aliento del amigo que nos ama como somos!

NOS BRINDA ENTREGA, LEALTAD, CAMARADERÍA Y FRANQUEZA

Los buenos amigos comparten todo: alegrías y tristezas, diálogos y silencios, afirmación y ánimo, buenos chistes y chistes malos. Compartimos con ellos lo que nadie más sabe, reímos, caminamos juntos y hacemos bromas que nadie más comprende. Porque es la cercanía la que nos convierte en los mejores amigos.

Para que surja una verdadera amistad, se necesita un trato sincero. Un amigo nos escucha, aun escucha lo que no decimos, se mete al corazón para comprender lo que nos ocurre y nos consuela cuando estamos tristes. Un amigo comprende nuestros sentimientos, porque el tiempo nos ha permitido aprender ese lenguaje que compartimos.

NO CONTROLA, AMA EN LIBERTAD

Los amigos se estimulan mutuamente y reconocen que se pertenecen, pero no tienen una relación de dependencia. Un amigo no controla, manipula o condiciona su amistad; simplemente está ahí para levantarnos las manos. Es el mejor consejero cuando lo necesitamos y nos acompaña con sus oraciones, abrazos y palabras de ánimo.

NOS ANIMA Y MOTIVA A SEGUIR CAMINANDO

Los amigos comparten proyectos, sueños y metas personales con naturalidad, porque no compiten entre ellos; simplemente se estimulan el uno al otro. Un amigo es quien hace lo que sea por animarnos y permanece a nuestro lado en las buenas y en las malas. Sabemos que nuestros amigos recorren kilómetros para estar con nosotros, nos levantan si hemos caído, y cuando tenemos dudas y temores, nos afirman.

Los amigos construyen historias que comparten, y mientras lo hacen, la amistad crece. Mis amigos Guillermo y Milagros Aguayo, luego de dar varias conferencias en Washington donde estuvimos juntos, escribieron: "Lindo tiempo juntos, amigos amados. La amistad es un tesoro y siempre hay que cuidarla y mantenerla. Somos amigos hace 25 años y hemos recorrido juntos las naciones con una misma pasión; ver fuertes a las familias. Amo tener amigos así, la vida es maravillosa". Definitivamente la vida es maravillosa cuando tenemos amigos que comparten la misma pasión y nos inspiramos unos a otros. Nuestras conversaciones pueden durar horas mientras reímos, nos aconsejamos mutuamente y conversamos temas que solo se hablan en la intimidad de una amistad cercana.

RECONOCE QUE NO ES PERFECTO

Somos personas con defectos y pasamos por diferentes momentos emocionales, tenemos costumbres distintas y, por lo tanto, vamos a decepcionar y fallar a nuestros amigos. Pero a pesar de las crisis que viva nuestra amistad, debemos dar el paso de volver a intentarlo, porque en el fondo, más vale la amistad del otro que el peso de los errores cometidos.

Más vale la amistad del otro que el peso de los errores cometidos.

Los amigos que se lastiman mutuamente, pero logran continuar con su amistad, es porque tienen la valentía de decir "lo siento, perdón, te fallé". Esos son los momentos donde la relación crece, porque la amistad es probada por el fuego. Perdonar el error nos permite acercarnos más y, con el paso del tiempo, hasta nos podemos convertir en los mejores amigos.

¡Qué saludable es la disculpa del amigo que no se resiente por un error, porque conoce nuestro corazón! ¡Cómo se renuevan las fuerzas cuando un amigo nos abraza! Los buenos amigos se extrañan y se aman, pero también practican el perdón y la reconciliación.

3. LUCES ROJAS POR ATENDER

Una de las cosas más importantes que debemos hacer en la vida es elegir bien a nuestros amigos. Debido a la gran influencia que tienen sobre nosotros, pueden ser una gran ayuda o una verdadera angustia. Por eso, debemos cortar con las relaciones que son dañinas. Esas que nos absorben, nos aíslan de los demás, o bien, tratan de controlarlo todo en nuestra vida.

Los amigos de verdad nos desean lo mejor y nos dirigen al bien; no nos manipulan para que actuemos en contra de nuestros valores. Porque el amor no hace nada indebido, no es egoísta, y mucho menos es autocomplaciente. El amor se fortalece cuando triunfan la verdad, la justicia, y nos guía a hacer lo correcto. Por eso, cuando una persona le exija ir en contra de sus valores, no es su amigo. Cuando alguien nos invite a frecuentar lugares peligrosos, no es nuestro amigo.

> **Cuando una persona le exija ir en contra de sus valores, no es su amigo.**

Si no se siente bien en una relación de amistad porque es tóxica, aléjese inmediatamente. Si lo abusa económicamente, lo manipula para que solo haga su voluntad, lo aleja de su familia y de los valores que le sostienen, es tiempo de distanciarse de esta persona. Corra en la dirección contraria. Los amigos nos hacen crecer, respetan nuestra forma de pensar y nos acercan a nuestra familia.

Tengamos amigos, personas con las que podemos soñar en un mejor mañana, que tengan sentido de justicia y sepan valorar el abrazo, la ternura y las palabras de ánimo. Pero, sobre todo, convirtámonos en el amigo que otros quieran tener.

4. ¿CÓMO LOGRAR TENER AMIGOS?

SEAMOS DIGNOS DE CONFIANZA

Cuando nos mostramos como personas en las que se puede confiar y tenemos un trato agradable, la amistad crece de forma natural. Cuando hay sacrificio, sinceridad, entrega, confidencialidad y un gran poder de identificación, logramos sembrar en nuestros amigos la confianza necesaria para que puedan acercarse más.

AMÉMONOS PARA AMAR

Cuando nos amamos a nosotros mismos y nos tratamos con respeto, nos es fácil amar a los demás. Si aceptamos lo que somos, aun con imperfecciones y cosas por mejorar, será más fácil establecer relaciones saludables, porque nos consideraremos dignos de ser amados genuinamente y responsables de amar a otros como quisiéramos ser amados nosotros.

SEAMOS PERSONAS CON LAS QUE SEA AGRADABLE ESTAR

Superemos la amargura y decidamos no quejarnos de todo. Seamos personas interesantes, de buen trato, bondadosas y, a la vez, sencillas. Veamos lo bueno que tienen los demás, y disimulemos sus defectos.

> **Si ha encontrado un buen amigo, aprécielo, alimente la relación, disculpe los errores, y valore sus virtudes.**

SEA SINCERO

Seamos buenos comunicando nuestros pensamientos y sentimientos, y desarrollemos la habilidad de escuchar. Los buenos amigos comparten todo: alegrías y tristezas, diálogos y silencios, afirmación y ánimo.

PIDA PERDÓN

Podemos seguir siendo amigos si tenemos la valentía de arrepentirnos y pedir perdón por las faltas cometidas. No es fácil superar la decepción, pero si luchamos por lo que amamos, y perdonamos los errores cometidos, la relación será más fuerte que nunca.

5. LOS AMIGOS Y LAS REDES SOCIALES

Muchos han dicho que tienen más oportunidad de relacionarse a través de las redes sociales que en persona, pero no podemos pensar que esto puede sustituir el contacto directo y personal.

En las redes sociales no se vive una relación de cercanía, confianza e intimidad. En las redes sociales tenemos contactos y compartimos información, pero no confunda esto con amistad. Los amigos se conocen, conversan, tienen confianza, y viven una relación de cercanía.

La información que compartimos en las redes sociales genera un cierto nivel de relación, pero eso no significa que conoce o tiene amistad con esta persona, y mucho menos intimidad. En las redes sociales no compartimos cosas personales; estas solo se comparten con los amigos de verdad. Por eso, aprecie la interacción que tiene en las redes sociales, pero no sustituya a un amigo por estar conectado con personas distantes.

Aprecie la interacción que tiene en las redes sociales, pero no sustituya a un amigo por estar conectado con personas distantes.

Las redes sociales han servido para que surjan nuevas amistades, pero para lograrlo, es necesario trascender a una comunicación directa y en persona.

Las personas se conectan en las redes sociales para socializar, conocer a otros, descubrir que tenemos gustos parecidos, y esto ha permitido reencontrar compañeros de la escuela, vecinos y, aun, familiares. Es un buen punto de inicio, pero no sustituya a sus amigos por el celular.

Es más fácil hablar frente a un computador que interactuar con amigos de verdad, pero eso es una fantasía, y las investigaciones han demostrado que si las personas no hacen un uso adecuado de la Internet y de las redes sociales, esto podría traer consecuencias psicológicas importantes. Las redes sociales producen una sensación agradable, pero no es una interacción personal.

Socializar virtualmente está bien, pero que esto no sea el centro de nuestra vida afectiva. Todos necesitamos personas en la cuales podamos confiar y con las que tengamos intimidad, cercanía y empatía. Las redes sociales no ofrecen eso porque son públicas.

Si no sabemos controlar nuestra interacción con las redes sociales, podríamos caer en la trampa de compartir cosas privadas e íntimas con extraños. Recuerde, no podemos olvidar que todo lo que publicamos en la Internet deja de ser privado. Por lo tanto, no cuente sus intimidades a desconocidos y extraños. Más bien, valore a los amigos de carne y hueso que tiene cerca, a los que le han inspirado confianza y con los cuales ha caminado.

Debemos ser precavidos a la hora de compartir información en las redes sociales, porque después de "subir" un comentario o una foto, será de dominio público. Más bien, tenga amigos con los cuales pueda reír, llorar, conversar, crecer y a los que pueda amar libremente.

Valore a los amigos que tiene cerca, los que le aprecian, los que le escriben para saludarle, en los que puede invertir su tiempo. Valore a las personas que merecen realmente su atención. Con ellas caminará el resto de la vida.

6. RECOMENDACIONES FINALES

Todos deseamos un amigo que no nos reproche, uno que nos inspire, aprecie nuestros éxitos y se identifique con nuestros fracasos. Ser amigo es disfrutar de las cosas que nos unen y respetar las diferencias. Nada es mejor que tener amigos del corazón.

Si nuestro amigo llora, lo consolamos, y si está en problemas, lo apoyamos; de esto se trata la verdadera amistad. Por eso, aprecie a los amigos que han estado cerca durante tanto tiempo.

Cuando encuentre un buen amigo, cuídelo, aprécielo y valórelo, porque las personas que saben escuchar, animar y acompañar, valen más que el oro. Tener amigos con los cuales se puedan compartir alegrías, los sentimientos más íntimos y los retos de la vida, es lo mejor que nos pueda ocurrir.

Cuando recorremos juntos el camino, nos convertimos en amigos del alma, en soñadores de un mismo destino, construimos recuerdos, y nos inspiran los mismos ideales. Tener amigos con los cuales compartir los sueños del corazón, los pensamientos más íntimos y las alegrías que nos inspiran, no tiene comparación.

Pasar tiempo con amigos que amamos renueva las fuerzas, y nos hace apreciar más la vida y reír como nunca. Es bueno tener amigos con los cuales recorrer el camino de la vida.

EL AMOR DE LOS PADRES SE RECUERDA PARA SIEMPRE

¿Cuánto vale un padre que cuando está ausente se extraña y cuando nos hemos disgustado con él anhelamos la reconciliación? La mejor forma que encuentro para expresarlo es transcribiendo lo que los hijos han escrito de ellos. Estos son padres que en silencio han marcado el destino de sus hijos, los que son valorados cuando se han marchado para siempre, o bien se aprecian cuando los años los hacen caminar lento. Son padres que han llenado de ilusión a sus hijas. Algunas de ellas las he visto llorar mientras los abrazan.

Le transcribo lo que en diferentes momentos han escrito hijas a sus padres, y lo hago como un tributo a los padres valientes que han pagado el precio de construir recuerdos en ellas y las han amado incondicionalmente. Padres que en silencio trabajan fuerte para dar sustento a los que más aman, y siembran sabiduría mientras conversan con ellos.

Alanis, de tan solo 12 años, al ver a su padre enfermo y camino al hospital para ser operado, le escribió unas palabras que lo hicieron llorar, pero a la vez, le inspiraron ánimo, esperanza y fuerza. Mi amigo se emocionó cuando me leyó lo que su hija le había escrito:

"Mi papá, mi compañero de aventuras, mi mejor amigo, el dueño de mi corazón, mi héroe, mi ejemplo a seguir. Te amo con todo mi corazón, papito. Que Dios te proteja y te guarde en la palma de Su Mano desde el momento que entres a la sala de cirugía, hasta que yo llegue de la escuela y te vea en tu cama, listo para darte un gran abrazo de bienvenida. Espero tu regreso, papi. Te amo".

Hay momentos donde somos nosotros los que necesitamos escuchar estas palabras, porque nos faltan las fuerzas y necesitamos ser animados y fortalecidos. Pero a la vez, los padres son héroes porque inspiran seguridad, confianza y son irreemplazables en la vida de sus hijas y de sus hijos. No importa dónde estén, nuestros hijos esperan que regresemos a casa cuando estamos lejos, porque necesitan nuestro abrazo, nuestras palabras de afirmación y la seguridad que otorga la presencia de un padre.

Hay sentimientos que cuando se expresan nos hacen valorar el camino que hemos recorrido juntos y, a la vez, nos dicen que vale la pena poner nuestro mejor esfuerzo en la misión de ser padres. Esta hija lo expresó de esta forma y es una manera de rendir tributo a los padres valientes que han luchado por sus hijas:

"Papá, gracias a vos fui logrando muchas cosas en la vida, pero lo que más disfruto es verte acompañándome en cada momento como lo haces. Gracias por cada consejo, por cada palabra de ánimo, por tus abrazos y por tu comprensión. ¿Cómo no amarte si estás ahí para mí?".

Definitivamente los padres somos constructores de recuerdos y una fuente inagotable de energía. Amar es estar presente en la vida de nuestros hijos, acompañarlos mientras crecen y transmitir los valores que les guiarán el resto de sus vidas.

Un buen padre es el que conoce los gustos, preferencias, temores, sueños, amigos y retos de sus hijos. Por lo tanto, es una misión que requiere atención, concentración y dedicación, y definitivamente es la aventura más emocionante del mundo. Ningún hombre y ninguna mujer es la misma persona luego de que se ha convertido en padre y madre.

> **Un buen padre es el que conoce los gustos, preferencias, temores, sueños, amigos y retos de sus hijos.**

Cuando a su hija le rompan el corazón, correrá a sus brazos, llorará en su hombro, hará preguntas y se refugiará en el amor que solo un padre puede ofrecer. Porque cuando las fuerzas se agotan y cuando el dolor llega, todos buscamos el abrazo que nos ha amado desde siempre. Por eso, cuando una hija llore, ofrezca la seguridad de su abrazo, porque no hay lugar más seguro que los brazos de un padre. Aquel que ha sido incondicional y una fuente de inspiración.

Le transcribo las palabras de gratitud que le expresó una hija a su padre:

"Cómo no admirarte, si eres un ejemplo de amor, amistad, compañía y apoyo; eres todo papi. Agradezco a Dios por ponerte como mi guía. ¡Gracias por estar siempre! ¡Te amo con todo mi corazón!".

Cuando las palabras brotan del corazón y están llenas de reconocimiento, llegan a lo más profundo de nuestro ser y se convierten en melodía para el alma.

Cuando los padres han partido, dejan huellas que duran para siempre y a la vez, impulsan a sus hijos a lugares inimaginables. Así recuerda Carolina a su papá:

"Trece años de no verte, ni de abrazarte, no comprendo la razón del por qué tenías que irte, son muchos los recuerdos. Lo que he aprendido durante este tiempo es que siempre te recordaré y daré infinitas gracias a Dios por el tiempo que compartimos. Éramos tan solo niños el día de tu partida, pero estoy segura que estarías orgulloso de ver lo que mami logró durante estos años, y en lo que nos hemos convertido. Te recordaremos siempre como el excelente papá que fuiste".

Como bien lo dice Carolina, muchos padres deben sentirse orgullosos de ver en lo que se han convertido sus hijos y sus hijas. Por eso, no se canse de afirmar a sus hijos, y siga siendo una fuente de inspiración en los momentos difíciles de sus hijas, porque con el paso del tiempo, sus palabras, y sus abrazos traerán ánimo, fuerza y esperanza a los crecen a su lado.

Le transcribo lo que escribió Jimena recordando a su padre cuando solo tenía trece años de edad. Hoy, ella se levanta sobre las memorias de los momentos especiales que pasaron juntos, las caricias que le animaron y el amor que marcó su existencia. A sus trece años, Jimena no habla como si fuera una niña herida, se expresa como una joven valiente que está construyendo su futuro a partir del legado que le dejó su papá.

Su valentía, su firmeza en las convicciones que guían su vida y su determinación de hacerlo bien, nos dice que llegará lejos, muy lejos, porque su padre la preparó para el momento que está viviendo y nada le robará los recuerdos maravillosos que atesora en su corazón. El tiempo compartido como familia ha marcado su vida y le prepara para seguir creciendo como una persona de bien. Jimena dijo:

"Mi papá, mi héroe, mi príncipe azul, mi consejero, el único e incondicional, lo mejor que me ha pasado. Tantas risas, tantos momentos, tantas peleas, tantas cocinadas, tantas compras, tantos recuerdos que ya no están, se fueron, desapareció en tan solo un día. Todavía recuerdo lo emprendedor que era y cuando despertaba, lo veía ahí sentado, esperándome para desayunar. Me hacía reír como nadie. Jamás lo volverá a hacer. Decir que lo amaba queda muy corto, porque no era así, era algo más que amor, algo inexplicable, una sensación grandiosa que tenía cuando estaba con él. No es justo. Lo quiero de vuelta. Ayer me di cuenta que el único requisito para morir es estar vivo. Me di cuenta que Dios hace todo por algo, y Él me dio la oportunidad de estar con él en sus últimos días. Me duele, siento que se desvanece todo a mi alrededor. Luego recuerdo que mi papá siempre me decía que estaba orgulloso de mí y más orgulloso va a estar, porque yo, su hija Jimena, va a seguir adelante, va a superarse día a día, va a ser alguien en la vida y nunca va a caer. Porque Dios jamás me va a dar un obstáculo que no pueda pasar. Pa, gracias… gracias por ser mi papá. Gracias por haber sido parte de mi vida estos trece años. Te amo hoy, mañana y siempre". Jime.

¿Cómo sabía este papá que solo tendría trece años para marcar el destino de su hija? Y porque nosotros tampoco lo sabemos, tenemos que vivir como si solo tuviéramos días para dejar memorias especiales en su corazón. Por eso, no pierda un minuto para construir recuerdos y marcar generaciones.

Jimena recuerda a su papá por los momentos especiales que pasaban juntos, eso que se queda en la memoria para siempre y cobra un valor incalculable cuando ya no está. La pregunta que surge es: ¿Cómo quiere ser recordado cuando haya partido? Jimena dijo: "Mi papá, mi héroe, mi príncipe azul, mi consejero, el único e incondicional, lo mejor que me ha pasado. Tantas risas, tantos momentos, tantas peleas, tantas cocinadas, tantas compras, tantos recuerdos... Me hacía reír como nadie". Son esos momentos rutinarios los que se recuerdan para siempre. Por eso, no se canse de estar ahí para sus hijos: cocinen juntos, lean buenos libros, salgan de paseo y háganse reír.

Hay momentos cruciales que no regresan, y uno de esos es cuando nos toca darnos el último adiós. Planee cómo quiere que sea, y no deje para el último minuto lo que debemos hacer el día de hoy. Pidamos perdón por los errores cometidos, celebremos los éxitos de nuestra hija, estemos ahí en los momentos importantes y abracemos con tal sentimiento, que al haber partido puedan recordar lo que se sentía cuando estábamos juntos.

Tenemos pocos años para construir un legado que marque generaciones y solo es posible cuando aprovechamos cada día para inspirar a nuestros hijos. El legado lo construyen los momentos rutinarios que pasamos juntos, la afirmación emocional que hemos dado, las enseñanzas espirituales que hemos transmitido y la constancia que hemos tenido al hacer lo que les ayuda a ellos a construir su propio proyecto de vida.

Amar es estar presente en la vida de nuestros hijos, construir recuerdos que les inspiren, expresar palabras que afirmen y disculparnos cuando hemos fallado. No es fácil amar a nuestros hijos, porque vivimos momentos difíciles, pero tenemos que insistir en amarlos pase lo que pase.

Amar es estar presente en la vida de nuestros hijos, construir recuerdos que les inspiren, expresar palabras que afirmen y disculparnos cuando hemos fallado.

Un día nuestros hijos tendrán el recuerdo de lo que experimentaron cuando estábamos con ellos, y les producirá el ánimo necesario para superar las dificultades de la vida, pero, a la vez, se convierten en marcas imborrables que afirman, empoderan y les dirigen al destino correcto.

No desista en amar, aunque sus hijos no valoren hoy el amor que les ha dado. Vendrá el día cuando los valores que hemos sembrado en sus vidas darán su fruto.

APRENDER A AMAR A LA FAMILIA

Es en la familia donde encontramos amor, aceptación, y experimentamos las primeras expresiones de afecto. Es en casa donde desarrollamos sentido de pertenencia. No importa lo difícil que sea, nuestra familia siempre será el lugar al que pertenezcamos, y lucharemos por ella hasta el final.

Es fascinante la forma en la que el libro de Hebreos describe a Noé, porque su inspiración para construir el arca fue salvar a su familia. Dios le advierte que destruirá a la humanidad y él piensa en cómo salvar a su familia, y por eso construye el arca.

*"Por la fe Noé, advertido sobre cosas que aún no se veían, con temor reverente construyó un arca **para salvar a su familia**."* (Hebreos 11:7)

Cuando decidimos amar a nuestra familia, surge valor, determinación, y un espíritu de lucha que no lo detiene nada. Bien lo expresó una hija describiendo a su mamá:

"Ella es una mujer con todas las letras. La que me dio todo sin pedir nada a cambio. Ella, la que fue capaz de dejar todo y a la vez entregarlo todo. La única que siempre me mira con esos ojos de amor. La única que siempre está ahí

cuando todos los caminos se cierran. ¡Ella siempre está con una palabra, un abrazo o un 'te amo'! Todo lo que sos no se puede resumir en letras; es el verdadero amor que viene de lo alto. Te amo con cada partecita de mi corazón".

Esta madre es la mujer valiente que lo ha dado todo para que su hija sea la gran mujer que es.

La historia ha demostrado que si nuestros hogares son débiles y no procuramos su bienestar, tendremos consecuencias desfavorables: desatendemos a los hijos, permitimos que los jóvenes abandonen los estudios, facilitamos que nuestros adolescentes caigan en adicciones y pasamos por alto la violencia intrafamiliar. En cambio, si luchamos para que nuestras familias sean familias sanas, tendremos como resultado sociedades más fuertes, saludables y sostenibles.

Por ejemplo, se ha comprobado que el rendimiento escolar es superior cuando el grado de apoyo, estímulo y la salud familiar son fuertes. Además, estudios en diferentes países indican que el índice de delincuencia, consumo de drogas y embarazo adolescente disminuye cuando hay buenas relaciones familiares. Si la familia mantiene lazos afectivos fuertes, se convierte en fuente de inspiración para todos sus miembros y se levanta como la mejor guía para los más jóvenes de la casa.

Sin embargo, no es fácil amar a la familia. Nos vamos a fallar los unos a los otros y muchos experimentaremos distanciamiento luego de una pelea acalorada.

1. LO QUE PODRÍA DISTANCIARNOS

La costumbre: Nos distanciamos cuando dejamos de valorarnos porque nos acostumbramos a tenernos. Es común que por el exceso de confianza las personas se lastimen con palabras hirientes. Esto ocurre en momentos de enojo, frustración, estrés, o bien cuando enfrentamos dificultades.

Nos distanciamos cuando dejamos de valorarnos porque nos acostumbramos a tenernos.

El rencor: Nos distanciamos cuando dejamos que el rencor, el resentimiento o la amargura dominen el ambiente en casa. Esto genera heridas difíciles de sanar si no vivimos el proceso del perdón.

El reclamo constante: Nos distanciamos si tenemos una actitud de reclamo constante o si estamos a la defensiva. Hay familias que han sufrido mucho porque son dominadas por el orgullo y eso les ha llevado a no perdonarse cuando se han lastimado, y a recitar una lista de pendientes cada vez que inician una pelea.

La preocupación por las apariencias: Las familias sufren cuando dejan que las apariencias las dominen, y esto ha hecho que vivan con deudas crecientes, solo para mantener el nivel social que se han impuesto a ellas mismas.

Las heridas del pasado: Con frecuencia, los seres queridos que continuamente nos hacen sentir frustrados y desilusionados actúan como reacción a las heridas profundas de su niñez.

La familia provee lazos afectivos únicos y por eso duele cuando nos distanciamos o nos herimos. En medio de lo que estén viviendo, no se rinda, su familia, como todas las demás, tiene retos por superar.

En toda familia hay decepciones, diferencias de criterio y desacuerdos. Sin embargo, es gracias a la posibilidad de discrepar que las relaciones familiares pueden volverse más cercanas y cada uno de sus miembros puede aprender de los demás, dando como resultado seres humanos más sensibles y capaces de luchar por lo que aman.

2. ¿CÓMO ACERCARME NUEVAMENTE A MI FAMILIA?

Dé el primer paso. Reconozca que los ama y los necesita. Esto requiere una alta dosis de humildad y mucho valor. Perdone y propóngase hacer que el lazo que les une sea indisoluble. Alguien debe dar el primer paso para la reconciliación y esta persona podría ser usted, en vez de esperar que tomen ellos la iniciativa. Es tiempo de volver a encontrarnos con nuestra familia, disculparnos por los errores cometidos y valorar que al final del camino solo la familia queda.

Procure identificarse con el dolor que lleva su familia. Acérquese para escuchar, comprender y luchar por la reconciliación. Escuche sin juzgar; simplemente hágalo porque les ama.

Otorgue valor a los sentimientos que expresan sus familiares. No menosprecie lo que ellos han vivido, esto nos permite acercarnos para identificarnos. Puede que no esté de acuerdo con todo lo que digan, pero es su familia.

Recobre la cercanía, la confianza y la alegría de vivir. Piense en el tiempo cuando crecían, las enseñanzas de los padres y las anécdotas de los abuelos. Esto nos recuerda que hemos recorrido un camino maravilloso y no podemos tirar por la borda todo lo que hemos construido juntos.

Renueve el pacto que les une. Determine que nada ni nadie los va a separar. Todas las familias vamos a vivir amenazas y decepciones, pero si luchamos por lo que amamos, vamos a superar las dificultades que se presentan. Cuando la familia sabe que el lazo que nos une es indisoluble, nos permite tener diferencias, y luchar por superarlas.

Respete a cada miembro de la familia. Brinde apoyo cuando ellos lo necesitan, y determine que el amor que los une no se romperá fácilmente. Mantener intacta la línea del respeto entre los miembros de la familia, permite que el amor crezca.

Construya un ambiente de armonía. Hagamos de nuestro hogar el mejor lugar para vivir y un refugio al que todos deseemos llegar. Debe ser el espacio donde cada uno pueda expresar amor y cuidado por el otro, donde nos aceptamos y nos respetamos mutuamente. Por eso, eliminemos el favoritismo, las palabras que lastiman, la burla hiriente, y el silencio que castiga. Es lo que nos permite levantar la siguiente generación a un nuevo nivel y consolidar relaciones fuertes.

Crezca en la expresión de afecto. Las familias fuertes se expresan afecto con naturalidad, se abrazan todos los días, se expresan amor verbalmente, se preocupan los unos por los otros, se ayudan mutuamente y aceptan que son diferentes en su forma de pensar.

Refuerce la unidad. En los momentos difíciles la familia debe permanecer unida y debemos garantizar que el amor que nos une es incondicional. Estamos aquí para ayudarnos a salir adelante pase lo que pase. Por eso, separemos tiempo para estar juntos y conversar, celebremos los cumpleaños, y tengamos tradiciones familiares que nos unan. Construyamos recuerdos que nos hagan reír y hagamos agradable la convivencia.

Construyamos recuerdos que nos hagan reír y hagamos agradable la convivencia.

Les transcribo lo que algunas personas han escrito sobre las tradiciones que han vivido como familia. Sonia dijo: *"¡Cómo olvidar las tradiciones que nos enseñó mi mamá! Hoy las vivo con mis hijos".*

Mayela expresó: *"¡Qué lindo cuando se recuerda lo que hemos vivido en la casa! Cuando lo hacemos, volvemos a vivir el momento, y somos felices". "Los domingos desayunábamos juntos en la cama. Nunca olvidaré esos momentos maravillosos",* dijo Natasha.

Cuando éramos niños, muchas veces, al declinar el día, salíamos en el auto a realizar un corto paseo, nos deteníamos para ver el atardecer, o bien, cuando había luna llena, observábamos el espectáculo con asombro. Era maravilloso vivir esos momentos, donde la familia se reunía, simplemente para dialogar o compartir experiencias.

Las tradiciones familiares crean recuerdos, y estos se convierten en nuestro tesoro más valioso. Todos recordamos lo que hacíamos de niños con la familia, y eso… nos acompaña el resto de la vida.

Ame su familia tal cual es, y no la compare. Cada familia tiene su propio ritmo y su forma particular de ser. Pero en todas debe existir aceptación, humildad para disculparnos si hemos lastimado, y valor para perdonar los errores del camino.

3. EL PERDÓN EN LA FAMILIA

Todas las familias nos vamos a decepcionar y también nos vamos a herir. Por eso nuestros hogares deben estar llenos de perdón y del deseo manifiesto de que nada nos va a distanciar.

A pesar del gran amor que nos tenemos como familia, en los momentos difíciles perdonar no será fácil. Puede ser que hayan menospreciado nuestro amor, que no hayan valorado la entrega que tuvimos por ellos, o que nos hayan maltratado en una discusión. Lo cierto es que debemos perdonarlos, porque de no hacerlo nos vamos a distanciar, y esto producirá un dolor profundo. Si no perdonamos, terminaremos solos, aislados, distantes de los que amamos y llenos de resentimiento.

Debemos perdonar a pesar de los sueños no cumplidos y las promesas rotas. Debemos perdonar para tender puentes que nos conduzcan a la reconciliación. Es posible que sea difícil pedirle perdón a alguien que nos ha herido demasiado, pero hacerlo nos llenará de paz.

El perdón no lo otorgo porque la otra persona cambió o me pidió perdón, perdono para recobrar mi salud emocional y así dejar de vivir como esclavo del pasado. Es el perdón el que me permite recobrar la alegría de vivir y la ilusión de seguir amando. Cuando hemos perdonado, dejamos de juzgar a la otra persona, no la señalamos más, renunciamos a los deseos de venganza y recobramos la cercanía que un día teníamos.

El perdón no es fácil de comprender. Muchas veces estamos esperando "sentir el deseo de perdonar", pero eso es imposible, porque el perdón no es un sentimiento. El perdón se decide, y se sostiene en el tiempo hasta que sanen las heridas que llevamos por dentro. Quien se beneficia al perdonar es quien lo otorga. Es una experiencia que se vive en lo personal, en lo íntimo, y tiene como fruto una profunda paz.

El perdón es la decisión de romper la lista de las acusaciones que tengo contra la otra persona. El fruto del perdón se da cuando pienso en lo que ocurrió, y en ese momento me doy cuenta de que ya no duele, que la herida cicatrizó y soy libre del dolor que me ataba al pasado. Se requiere voluntad, decisión y perseverancia para sostener el perdón en el tiempo, porque el perdón es un proceso.

Ante la ofensa, la decepción, la traición y la desilusión, el perdón es la única forma de sanar la herida y recobrar nuestra capacidad de amar. Es lo que nos permite restaurar la relación, soltar el pasado con su dolor, facilitar el reencuentro, y recobrar la armonía en la familia.

> **Se requiere voluntad, decisión y perseverancia para sostener el perdón en el tiempo, porque el perdón es un proceso.**

Nadie dijo que sería fácil vivir en familia, pero si insistimos en amarnos tal cual somos, nos aceptamos con nuestras virtudes y defectos, y decidimos que nada nos separará, algo extraordinario pasará en casa, y nuestros hijos, al crecer, desearán repetir la historia.

8

EN FAMILIA SE DISFRUTA MEJOR

La familia es fundamental porque es el núcleo más íntimo que tiene todo ser humano. Es donde se adquiere sentido de pertenencia, se recibe el afecto necesario, y se desarrollan habilidades esenciales para crecer. Además, es la constructora de los recuerdos más importantes. Al crecer, las personas suelen desear construir una familia porque quieren ser amadas y amar. Por eso, en familia se disfruta el diálogo, comer juntos, las vacaciones, jugar y salir de paseo.

La familia nos ayuda a cumplir sueños y nos provee de las primeras normas de socialización y urbanidad. Es la que nos impulsa hacia el futuro, guiándonos hacia la independencia que nos capacita para construir un proyecto de vida personal.

En familia se disfruta más el abrazo, la palabra de afirmación, el beso inesperado, y el estímulo que todos necesitamos para superar las crisis. Es vital proveer a la persona amada la seguridad de que es aceptada, valorada y apreciada. Para esto es fundamental pasar tiempo de calidad, y uno de esos momentos que más se disfrutan es cuando nos divertimos, jugamos, comemos juntos o bien nos vamos de vacaciones.

El afecto y pasar tiempo juntos es lo que convierte a la familia en el mejor lugar para vivir, porque en familia se disfruta más el amor, la sonrisa, y celebrar los éxitos.

El expresar y recibir afecto nos provee de fuerza para no rendirnos ante la adversidad y los desafíos de la vida. Desde la niñez hasta la ancianidad, las personas necesitamos amar y ser amadas, valorar y ser valoradas, apreciar y ser apreciadas. Por eso, toda expresión de amor es apreciada al máximo.

Le transcribo lo que le escribió una hija a su padre el día de su cumpleaños:

"¡Cómo no admirarte, si eres un ejemplo de amor, amistad, compañía, y apoyo!; eres todo, papi. Agradezco a Dios por ponerte como mi guía. ¡Gracias por estar siempre! ¡Te amo con todo mi corazón! ¡Eres un ejemplo digno de admirar!".

Cuando las palabras brotan del corazón, se recuerdan para siempre. Por eso, si le cuesta verbalizarlo, escríbalo. Si le cuesta escribirlo, invite a la persona a cenar, pero no se guarde lo que siente, porque expresar afecto nos acerca. Cuando somos capaces de dar lo mejor de nosotros, la familia se disfruta más.

Cuando somos capaces de dar lo mejor de nosotros, la familia se disfruta más.

Expresamos afecto por medio de palabras, regalos, abrazos, caricias, y actos de servicio, pero también cuando nos divertimos juntos, jugamos, salimos, o bien cuando hacemos un campamento en el patio de la casa.

Al expresar cariño a través de actos de servicio para la familia se generan recuerdos mágicos. Nunca olvido a mi papá cocinando su plato favorito los domingos. Había ilusión y estábamos alegres; la familia estaba junta. Ese día asistíamos a la iglesia en la mañana, y todos sabíamos que nadie podía hacer otros planes. Al llegar a casa, papá se ponía el delantal y sacaba los ingredientes. Todos colaborábamos en poner la mesa y al mediodía la familia estaba comiendo unida. Hablábamos, reíamos, contábamos un buen chiste o las historias de la semana, y se exponían los planes de los próximos días. Hay recuerdos que se quedan en el corazón porque son parte de las tradiciones familiares que no se olvidan. Papá y mamá nos permitieron compartir en familia momentos inolvidables.

Cuando hay amor en la familia, todo se disfruta más, porque se convierte en algo nuestro y es parte de nuestros recuerdos más preciados. Por eso, la mayoría de nosotros guarda en su memoria la vez que fuimos al parque a jugar, a elevar un cometa, o bien, nos tiramos al suelo para que los pequeños se montaran a caballito sobre nuestros hombros. Nunca olvido cuando era niño, la ilusión que generaba ir a la piscina del pueblo a bañarnos. Buscábamos cualquier pretexto para hacerlo, o bien para ir al río y descubrir un nuevo lugar para nadar.

Usted puede ir a jugar con sus amigos o con el equipo de fútbol al que pertenece. Eso se llama deporte, y es parte de nuestro proceso de socialización, pero nada se disfruta más que pasar tiempo en familia. Hay tradiciones que no se olvidan. Tengo unos amigos que recuerdan cuando sus padres se vestían elegantes los viernes porque ellos salían a cenar juntos, solo ellos dos. Todos en casa sabían que las noches de los viernes era la noche de los padres. Se acostumbraron a que siempre viniera una tía a cuidarlos, porque esa era la noche de la pareja. Ahora que mi amigo es grande tiene la misma costumbre con su esposa. Porque las vivencias de la familia nos siguen cuando crecemos.

Mi amigo Héctor los domingos hace un asado en su casa para la familia. Da gusto verlo cocinar con tanto esmero y amor. Es un almuerzo que se extiende toda la tarde, la familia charla, ríen y la pasan bien. Ahora que sus hijos han crecido tienen la misma tradición con sus familias. Porque todo lo que se vive en familia se disfruta mejor.

Cuando nuestros hijos estaban pequeños y salíamos de vacaciones no podían faltar los juegos de mesa. Era una tradición sentarnos a jugar diferentes juegos que nos permitían reír, y pasarla bien. Las vacaciones en familia son propicias para conversaciones amenas, planear las siguientes vacaciones, y dormir juntos en la misma cama. Cuando mis hijos crecieron, pensé que ya no iban a querer ir de vacaciones con nosotros, pero eran los primeros en decir; *"¿Y esta vez, a dónde iremos de vacaciones?"*. Porque se había convertido en una tradición, ellos deseaban repetir esos momentos maravillosos de la infancia. Pensé que algo cambiaría con el paso de los años, pero me doy cuenta que lo que se disfruta en familia, se vive con mayor intensidad y siempre se quiere repetir. Por lo que jugar pases con los niños, ir al cine con nuestros adolescentes, salir a cenar en familia, jugar en el parque, realizar paseos por el campo, conocer nuevos lugares, o simplemente ver una película en casa, puede convertirse en algo tan espectacular que podríamos marcarlo como una tradición.

Lo que se disfruta en familia, se vive con mayor intensidad y siempre se quiere repetir.

Para que estos momentos en familia sean mágicos, debemos tener la mejor actitud, disponernos a disfrutar lo que estamos viviendo, ser espontáneos, ahorrar energía al regresar a casa y ser condescendientes con los más pequeños.

Tengo unos amigos que en el verano se van de vacaciones; nada interfiere con ese tiempo maravilloso. Siempre lo planean con suficiente tiempo, ahorran, se distribuyen las responsabilidades y se disponen a disfrutarlo. Pocas veces he visto a una familia disfrutar tanto las vacaciones como lo hacen ellos. Es como si fuera algo sagrado, y nada los detiene para divertirse y pasarla bien. Mi amigo es un exitoso empresario, y trabaja duro para mantener a su familia, pero es tan importante ese tiempo de vacaciones que cada mes hace el ahorro necesario para vivirlas. Su pasión es ir a la playa, y su momento más emocionante ocurre al final de la tarde cuando el sol comienza a descender y se sientan todos a ver el atardecer. Es ahí cuando dialogan, ríen, se divierten y al final, ninguno de ellos quiere irse, porque hay cosas que en familia se disfrutan mejor.

Es en casa donde se construyen recuerdos, y se viven momentos inolvidables. Son recuerdos que se quedan guardados en el corazón como el tesoro más importante. Nada se disfruta más que estar en familia.

Los momentos más emocionantes son los espontáneos, esos que surgen sin que nadie los planifique. Esto me ocurría con mis hijos muchas veces, cuando al llegar a casa me decían: *"Papi, están dando una excelente película, vamos a verla"*. Me cambiaba rápidamente y terminábamos en el cine. Era una noche de acción, diversión y conversaciones agradables. Surge una alegría en esos momentos que no se cambia por nada. Hemos nombrado estos momentos como: "un tiempo papá - hijo". Solo nosotros dos, o nosotros tres. Por eso, sea espontáneo y disfrute más de esos momentos que se recuerdan para siempre, porque en familia se disfruta mejor.

Definitivamente, el amor se disfruta más en familia.

SEGUNDA PARTE

SE TRATA DE AMAR

AMAR REQUIERE ESFUERZO Y DEDICACIÓN

La Real Academia define amor como un "sentimiento de afecto, inclinación y entrega a alguien más". Por lo tanto, amar es la expresión palpable de ello. El amor es una decisión que debe sostenerse en el tiempo, y un acto voluntario.

El amor nace como un sentimiento, pero la única forma para hacerlo crecer es que estemos dispuestos a esforzarnos y a pagar el precio para hacer que perdure en el tiempo, con entrega, dedicación, trabajo, perseverancia, con muestras de fidelidad, lealtad, compromiso y ayuda mutua. El amor debe cultivarse, protegerse y alimentarse.

¿Es fácil amar? De ninguna manera.

No hay día sin noche, no hay oasis sin desierto, y no hay amor sin dolor. El amor no está libre del sufrimiento, hay que sacrificarse y entregarse mutuamente.

Amar no es sencillo, porque requiere ser respetuoso cuando deseamos ser groseros, ser gentiles cuando queremos ser toscos. El amor hace grande a la otra persona, y se sacrifica con tal de que el otro crezca. Amar es renunciar a nuestros deseos egoístas para hacer prevalecer el bienestar de ambos.

Amar es renunciar a nuestros deseos egoístas para hacer prevalecer el bienestar de ambos.

El amor está directamente ligado al nivel de sacrificio que hacemos por el otro. Por ejemplo, el amor por los hijos es un amor muy sacrificial, lleno de momentos emocionales fuertes y extendidos en el tiempo. Nunca pensamos que podemos salir a cambiar a nuestro hijo por uno más joven, o a una hija por una más bonita o más alta. Una madre o un padre jamás cambiarían a un hijo. ¿Por qué, entonces, cambiar al cónyuge? El amor hacia los hijos no depende de lo emocional, no lo alimenta el amor romántico. Es producto del sacrificio, de la entrega, de la dedicación, y tiene sentido de pertenencia. Por eso, es crucial comprender que la dimensión en la que amamos está relacionada con el nivel de sacrificio que estamos dispuestos a otorgar.

No me malinterprete, no significa que el amor debe doler de forma enfermiza, es decir, no es una carga que se lleva como una cruz a cuestas, ni tampoco es un acto de caridad o algo que se mendigue. No es una imposición, y menos se puede manipular. El amor se otorga voluntariamente y crece cuando se cuida y se decide, pero no todo es color de rosa, requiere esfuerzo.

1. ROMANCE VERSUS AMOR

Solemos definir el amor como romance, ese estado primario donde existe una idealización y se sienten "mariposas en el estómago". La Real Academia define romance como "relación amorosa pasajera", es decir, una que no llega a profundizar. Esto nos ha conducido a una interpretación errónea sobre el amor.

El problema del amor romántico es que necesita ser sentido; uno quiere sentirse enamorado, quiere sentir bonito, y cuando no siente, cree que debe buscar una nueva aventura que le haga volver a experimentar las sensaciones iniciales. Pero el amor no se alimenta de lo que sentimos, porque esto cambia constantemente: en ocasiones se siente, y en otros momentos no hay mariposas.

Si dejamos que el sentir sea lo que domine nuestro actuar, estaremos al antojo de nuestras fluctuantes emociones. Por ejemplo, ante el hecho de que la otra persona no nos atiende como lo hacía antes, no nos escucha, no nos halaga, no nos reconoce, y de repente conocemos a alguien más que nos escucha, nos halaga, nos reconoce y nos hace sentir bien, surge una confusión. Porque lo que sentíamos ya no está, se ha transformado en un recuerdo.

Es en esos momentos difíciles donde debe prevalecer la convicción y la voluntad de alimentar el amor que nos juramos, el amor que nos ha hecho construir una historia, el amor que nos hace soñar y nos hace desear estar juntos. Requiere insistir en conquistar, en volver a intentarlo una vez más. Surge la necesidad de volvernos a encontrar, de esforzarnos por dejar de ver lo malo, para valorar lo positivo en la otra persona. No es fácil, porque requiere esfuerzo, entrega, sacrificio, voluntad y perseverancia para volver a sentir y hacer prevalecer el amor.

El amor es una combinación entre sentir, emocionarse, y un ejercicio de la voluntad. Es decir, una relación que se disfruta, pero que también está dispuesta a enfrentar las adversidades.

> **Quien insiste en amar, respetar, honrar, admirar y permanecer, descubre dimensiones del amor que jamás descubriría si no se persevera.**

El amor tiene sus crisis, y quien las ignora puede caer en la trampa de creer que el amor murió y que ahora solo quedan cenizas. Sin embargo, cuando hay amor verdadero, siempre es posible recuperarse.

2. MITOS SOBRE EL AMOR

Existen muchos mitos sobre el amor y el romance, por lo que le invito a reflexionar conmigo sobre los siete mitos que considero son los más frecuentes. Los mitos deben ser reemplazados por verdades que otorguen estabilidad a la relación, o bien deben encender luces rojas que indiquen que deben realizarse cambios para mejorar. Al amor lo matamos cuando tenemos conceptos confusos y falsas expectativas.

MITO 1: EL AMOR PUEDE LLENAR NUESTROS VACÍOS EMOCIONALES

Buscar sentirnos plenos y completos a partir de una relación romántica es imposible. Porque siempre vamos a encontrar que la otra persona tiene una forma diferente a la nuestra de interpretar las cosas y, sobre todo, de expresar amor. Por lo tanto, nadie puede llenar nuestros vacíos emocionales plenamente. La misión de encontrarnos con nosotros mismos y la de sentirnos plenos emocionalmente, es una tarea personal.

La idea de que un día encontraremos "una media naranja" que por fin nos complete, es un mito que podría impedir que vivamos a plenitud lo que somos en el presente.

Estamos completos cuando nos encontramos con Dios y con nosotros mismos. El único que nos conoce a plenitud y nos completa es Dios.

MITO 2: EL AMOR ROMÁNTICO ES LA FÓRMULA PERFECTA PARA SER FELICES

La felicidad es una decisión personal que podemos tomar en cualquier momento de nuestra vida y nunca puede depender de lo externo. Como adultos, somos responsables de nuestra propia felicidad, por lo tanto, no podemos responsabilizar a otra persona de lo que nos corresponde conquistar a nosotros mismos. Lo que sí podemos hacer es contribuir a la felicidad de la persona que amamos, pero no podemos asumir lo que es intransferible.

MITO 3: EL AMOR ES UNA EMOCIÓN O UN SENTIMIENTO

El amor romántico inicia con la emoción de estar enamorados, pero es imposible hacerlo prevalecer en el tiempo porque las emociones suben y bajan. Por lo que es un mito pensar que siempre vamos a sentir la intensidad del enamoramiento, vendrán decepciones, momentos difíciles, crisis y desencanto. Lo que hace crecer el amor es el compromiso de permanecer juntos en las buenas y en las malas, en riqueza o en pobreza, en salud o en enfermedad, y es esta decisión sostenida en el tiempo lo que nos permite escribir historias maravillosas.

El amor es la decisión de apreciar, valorar, respetar, cuidar y ser fiel hasta el final. Es esta decisión lo que nos permite hacer que surjan las emocionas más intensas que se puedan imaginar. Si insistimos en amar, la relación será fuerte como una roca.

MITO 4: EL AMOR ES UNA "FIESTA CONSTANTE"

No nos engañemos, incluso en el amor romántico hay que trabajar con dedicación, porque se requiere ser respetuosos cuando deseamos ser groseros, ser gentiles cuando queremos ser toscos. El amor hace grande a la otra persona, se sacrifica con tal de que el otro crezca y esté bien. Amar es renunciar a nuestros deseos egoístas para hacer prevalecer el bienestar de ambos.

MITO 5: POR AMOR PERMITIMOS EL ABUSO

Cuando las personas son nobles, creemos que por amor debemos permitir que nos abusen, y es cuando soportamos agresiones, maltratos y humillaciones. Esto es un mito, porque el amor no es egoísta, no hace nada indebido y no avergüenza. El amor se disculpa cuando ha lastimado y procura no volverlo a hacer. Cuando hay abuso y agresión, ya no es amor; es una relación de subyugación donde la intimidación es la que prevalece y el amor no está presente.

MITO 6: EL AMOR ES UN GOLPE DE SUERTE

El amor no es un golpe de suerte. El amor piensa, analiza, toma decisiones inteligentes, medita en las consecuencias, distingue cuando solo es una estrategia para conquistar o cuando la otra persona solo busca una aventura. El amor crece con el tiempo, cuando nos convertimos en los mejores amigos, y nos aceptamos tal cual somos. El amor pide consejo, aprende y decide sabiamente.

Muchas veces pensamos que el amor depende del destino, de una fuerza desconocida ajena a nosotros en lugar de admitir que es la decisión de sostenerlo a través de las dificultades. Ana, de 21 años, dijo: *"Para mí, el amor es esa decisión que hago mía, y la tengo presente en mi mente. ¿Por qué una decisión? Porque el amor no se acaba, el amor siempre será"*. Eso se llama convicción.

MITO 7: AMAR NO NECESARIAMENTE SIGNIFICA COMPROMISO

Es imposible construir algo importante sin el debido compromiso que nos lleve a perseverar hasta el final, porque todos los proyectos pasan por crisis, dudas, temores y desilusiones. Igual ocurre en el amor. Si dejamos que sea la emoción de estar enamorados lo que conduzca el amor, en la primera crisis que enfrentemos la relación fracasará. Por eso, es un mito pensar que podemos amar sin compromiso.

Correr en la primera ocasión que se nos demande compromiso es más fácil y cómodo que quedarse hasta saber de qué es capaz nuestra perseverancia. Es el compromiso lo que nos permite superar las crisis, la desilusión, la duda y, sobre todo, el desgaste que trae el paso del tiempo. El compromiso es lo que nos invita a superar los momentos difíciles y a perseverar en medio de la desilusión. Es lo que nos permite disculparnos cuando nos hemos equivocado, y cambiar para que la relación crezca. Suyapa expresó: *"El amor a los veinticinco años es más fuerte, porque con el tiempo, el amor tiene un significado diferente; ahora es un amor maduro, una entrega total y este es el verdadero amor. Hoy me siento más enamorada de mi esposo"*.

El compromiso es lo que nos invita a superar los momentos difíciles y a perseverar en medio de la desilusión.

Mi amigo Alfonso dijo: *"El amor significa un compromiso mayor, porque es el placer de vivir y haber compartido con la persona a la cual decidí entregar mi amor. Un día decidí que la amaría de por vida y esto es lo que lo ha sostenido"*.

Cuando nos damos la oportunidad de luchar hasta el final por el amor que nos tenemos, es cuando nos damos cuenta de que valió la pena amar. Juan Carlos me dijo: *"Hoy la amo más que nunca. Si hubiese dejado que el temor me ganara, ya habría salido corriendo, pero doy gracias a Dios que no lo hice, porque ahora aprecio esta dimensión de amor manifiesta en mis dos hijos y el tiempo compartido. Lo que tenemos como familia no lo cambio por nada".*

3. LAS TRAMPAS DEL AMOR

Al tener una concepción equivocada sobre el amor podríamos caer en algunas trampas como:

+ "Ya no siento".

+ "Ya no hay química".

+ "Desapareció la magia entre nosotros".

+ "No me interesa".

+ "No deseo luchar".

+ "Me equivoqué".

+ "Otra persona me hace sentir".

+ "El amor murió".

4. LOS LOGROS DEL AMOR

El amor sana las heridas, las decepciones y las ofensas, y renueva las fuerzas, porque crece con el tiempo, pero requiere el precio del perdón, ese ejercicio de volvernos a acercar y volverlo a intentar. Ahí es donde descubrimos ese amor fuerte que no cambiamos por nada y nos hace clamar a Dios porque solo deseamos hacerlo prevalecer. Juan expresó: *"Cuando me enteré de su infidelidad, la odié, creí que me había equivocado y me pregunté si había valido la pena tanto sacrificio. Pero cuando el tiempo sanó la herida, me di cuenta que despúes de los desiertos, el amor crece a una dimensión desconocida. Hoy, no cambio un día de nuestras vidas. Mi hijo es mi mayor tesoro, mi hijo, el que no es mi hijo".*

El amor sana las enfermedades más dolorosas como la soledad, la depresión, la amargura y la indiferencia. Y en las dolencias físicas, nos pone de rodillas para pedir a Dios un milagro cuando la persona que amamos se enferma.

El amor nos ofrece compañía, amistad y calor de hogar. No nacimos para vivir en soledad, nacimos para amar, entregarnos y cuidarnos. Por eso, nada trae más realización que amar.

El amor hace realidad los sueños, los que surgen en el tiempo compartido, los que se alcanzan con el pasar de los años.

El amor hace posible lo que para otros es imposible. Todos en el camino del amor pasaremos por desiertos que parecen imposibles de superar, pero los que lo intentan salen fortalecidos, más cercanos y amando más que nunca.

El amor hace posible lo que para otros es imposible.

El amor nos mueve a subir la montaña más alta, porque nos llena de fe y confianza, sabiendo que si perseveramos, un día lo vamos a alcanzar. El amor nos da la fuerza para soportar la tempestad porque sabemos que después de la tormenta, viene la calma.

Es el amor lo que hace relucir la belleza que todos llevamos por dentro. Es el amor lo que hacer aflorar las mejores de las virtudes que el odio desfigura y la amargura oculta.

Es el amor lo que nos hace reír ante la vida y creer que hay esperanza en un mejor mañana. En el amor, también se llora, y se viven las emociones más intensas que jamás podríamos haber imaginado.

El amor nos convierte en románticos empedernidos, capaces de escribir las mejores canciones y los poemas más inspirados. El amor detiene el tiempo y nos hace desear que se congele la imagen de lo compartido.

El amor nos ha persuadido a hacer cualquier cosa con tal de conquistar. Es el amor el que ha conquistado naciones, y nos hace emprender viajes hasta encontrarnos.

Por amor, aun somos capaces de renunciar a los sueños propios con tal de lograr juntos los nuestros.

Es en nombre del amor que se han escrito las mejores historias, las que se recuerdan de generación en generación. Quien ama construye historias; quien no paga el precio del amor, solo tiene aventuras.

> **Quien ama construye historias; quien no paga el precio del amor, solo tiene aventuras.**

Es por amor que se cuidan los detalles que le hacen sentir a la otra persona cuánto la amamos, y son las atenciones las que hacen que el amor crezca. Al final del tiempo, no resulta ser un sacrificio, sino un privilegio.

En el amor se cometen errores, pero eso solo nos hace humanos y nos enseña que todos somos diferentes y, a pesar de ello, podemos caminar juntos.

El amor es lo que nos hace pensar una y otra vez en el aprecio que le tenemos a quien amamos, el valor del camino recorrido y los sueños por cumplir.

El amor verdadero nunca deja de ser, porque insiste en hacer lo correcto, en perdonar los errores y en volverlo a intentar como la primera vez. No significa que es fácil, pero al final del camino nos damos cuenta de que valió la pena. Por eso, luche por las personas que ama.

Si logra vivir esta dimensión de amor, alcanzará la mayor de las realizaciones, la plenitud más inmensa y la paz más profunda. Quien ama, nunca vuelve a ser el mismo.

El amor no muere, quizá algunas veces solo estamos distraídos, pero al despertar, se valora lo construido.

5. ¿CÓMO HACER CRECER EL AMOR?

+ Recordemos lo que hemos vivido. El deseo de ver los sueños convertidos en realidad es lo que alimenta el amor.

+ Descubramos lo que a la otra persona le gusta y la hace sentir bien.

+ Comuniquemos la forma en que nos gusta ser amados.

+ Nunca dejemos de ser novios ni de conquistarnos.

+ Separemos tiempo y definamos un lugar para conversar.

+ Escuchemos activamente y mostremos interés en la conversación.

+ Hagamos preguntas que estimulen el diálogo y, sobre todo, fortalezcan la intimidad.

+ Expresemos sentimientos y pensamientos en forma positiva, de tal forma que la otra persona se sienta invitada y no regañada.

+ Seamos comprensibles en los momentos difíciles, identifiquémonos con los sentimientos del otro.

+ Traigamos seguridad a la relación eliminando expresiones como: "Es mejor separarnos", "Creo que no éramos el uno para el otro" o "Necesitaba otra persona a mi lado". Afirmemos que estaremos juntos para siempre y que somos el uno para el otro. Esto fortalece la compatibilidad y trae seguridad a la relación.

+ Propiciemos el espacio para fortalecer el romanticismo. No ocurre solo, hay que procurarlo.

+ En todo momento, expresemos aceptación y admiración por el cónyuge.

+ Tengamos el respeto mutuo como fundamento de la relación.

6. LA CONQUISTA Y EL ROMANCE NUNCA TERMINAN

El romance parece ser el ingrediente principal en la conquista en los primeros encuentros, pero debe ser una constante en la relación y debe crecer conforme pasa el tiempo. El romance se ha definido como una aventura amorosa, el coqueteo en la pareja, y una conducta de novios. Por eso, debemos comportarnos entre nosotros como novios todo el tiempo.

La conquista en el amor nunca termina. Es la expresión de cariño la que nos hace desear estar cerca, eso que nos permite tener contacto físico de una forma especial.

La conquista en el amor nunca termina.

El romance que se expresa con caricias, besos y abrazos, no es solo para tener relaciones sexuales, sino también para encontrarnos emocionalmente en todo momento.

El romance en el matrimonio está amenazado por la costumbre de vivir juntos, la seguridad del compromiso, las decepciones del camino y los problemas no resueltos. Por eso, hay que cultivar el amor. Debemos pagar un precio alto por mantener vivo el romance en el matrimonio.

Cuando lo convertimos en encuentros agradables, lo anticipamos y lo deseamos, eso fortalece la relación. Por lo tanto, necesita inversión de tiempo, creatividad, iniciativa y complicidad.

El amor romántico, al igual que cualquier disciplina, requiere un continuo aprendizaje para que crezca, constancia para que mejore y pasión para ser disfrutado. El interés debe mantenerse vivo y ser fortalecido. Para mantenerlo vivo, conozcamos los gustos y los deseos del otro; ante todo, seamos amigos, expresemos cariño y decidamos amar.

CON EL AMOR NO SE JUEGA

Si alguien quiere destruir su vida, que juegue con el amor. Esto podría dejar secuelas para toda la vida: una enfermedad, la muerte, angustia, dolor, separación, y relaciones rotas. Con el amor no se juega.

Amar es más que sentir, es hacer grande a quien digo amar, trae honra, fortalece la dignidad, y se construye con honestidad. El amor no ocurre en forma oculta, no va en contra de los valores morales, no puede ser producto del engaño, la traición o la infidelidad. El amor hace grande a quien lo vive, dignifica a las personas involucradas, y tiene sentido de destino. No significa que no se experimente dolor, decepciones, y momentos difíciles, mas el amor está hecho de perseverancia, lucha y sacrificio. Es lo que le permite superar las crisis para convertirse en una historia de amor.

> **El amor hace grande a quien lo vive, dignifica a las personas involucradas, y tiene sentido de destino.**

Quien juega con el amor sale lastimado, y podría herir a otras personas. Llega un momento donde tenemos que tomar decisiones radicales si queremos que el amor florezca. Cuando decimos amar, vivimos conforme a los principios eternos de las buenas costumbres, una moral sólida y, sobre todo, decidimos vivir éticamente.

Le cuento una historia para reflexionar. Esta historia ha sido modificada para preservar la privacidad de quien la escribe, pero es real.

ESTOY EMBARAZADA DE UNA PERSONA CASADA

"Hola, necesito un consejo, espero pueda ayudarme. Hace dos años conocí a un joven muy lindo y la verdad muy guapo. Nos conocimos en el trabajo y hace unos ocho meses comenzamos a salir. Él es casado.

"Sé que está mal que salga con él porque es casado, pero la verdad me parece alguien muy interesante y me trata muy bien. Mis amigas me dan consejos y me dicen que ya no lo siga viendo. Pero yo no escucho razones. Sé que está mal, pero me he enamorado locamente. Solo estoy esperando que me llame para salir, o bien, ir a encontrarnos en un apartamento que tiene.

"Hace un mes salimos y fuimos a su apartamento y como de costumbre tuvimos relaciones. El caso es que hoy me hice una prueba de embarazo y salió positiva. Estoy muy asustada y no sé qué hacer. Sé que él no va a dejar a su esposa por mí, y mi familia no sabe nada. Estoy aterrada, tengo mucho miedo.

"He cometido tantos errores y la verdad es que no sé qué hacer. Mis amigas me dicen que aborte y la verdad yo también pienso eso. Tengo aproximadamente un mes de embarazo y creo que no es el momento para tener un hijo. Tengo 23 años y no es que no quiera tenerlo, siempre quise tener

un bebé, pero no es el momento, ni creo que sea el padre indicado.

"Sé que es mi culpa, tomé malas decisiones. No quiero decepcionar a mis padres ni a Dios, pero creo que Dios ya se cansó de mí porque no he escuchado Su voz, ni he seguido sus mandamientos.

"Hace como tres meses alguien de la iglesia me dijo que no es necesario que pase por lo que voy a pasar, que era tiempo de buscar a Dios de corazón. Es como si Dios me estuviera advirtiendo lo que estoy viviendo. ¿Por qué me está pasando? Es un llamado de Dios para que le siga y le obedezca.

"No sé si abortar, mis amigas dicen que no estoy abortando porque apenas tengo un mes, que es una bolita de carne, pero también tengo miedo de hacerlo porque el bebé no tiene la culpa de mis errores. Mi conciencia me dice que no lo haga, porque en el fondo sé que es un ser humano.

"No sé qué hacer, estoy muy confundida y no le puedo decir a mis padres porque no sé cómo reaccionarán y qué van a hacer.

"Posiblemente me digan que me case con él, y yo no quiero casarme con él porque viviría una vida de infidelidades y nunca sería feliz.

"Él aún no sabe, pero tendré que ir a su casa a decirle la noticia y no sé cómo va a reaccionar. Hace algún tiempo me enteré que tiene una hija y que no la ve, ni se ha hecho responsable de ella".

Cuando leí esto me dio mucho dolor, porque hay un niño en camino, una vida confundida, que no tenía una buena influencia de parte de sus amigas. Esta fue mi respuesta a esta joven:

Pido a Dios que le guíe en este momento tan crucial para su vida. No todo está perdido, usted puede recuperar su vida, su paz y su libertad si está dispuesta a hacer lo correcto. Debe ser sensible a lo que le está indicando su conciencia. Usted es amada por Dios, Él le conoce más de lo que se imagina. Aun conociendo todo lo que ha hecho, Jesucristo vino a morir en la cruz, porque Él sabe que hay esperanza para su vida y su futuro. Esta experiencia le ayudará a tomar conciencia de lo que realmente tiene valor: la vida, la libertad, la paz, la relación con Dios y el valor de las personas que de verdad le aman, como lo es su familia.

Lo que lleva en su vientre no es una bola de carne; es una persona con identidad genética, con una personalidad en formación, con una historia escrita en el cielo y en proceso de crecimiento. Nosotros somos personas desde el momento de la concepción, y tenemos el derecho a ser protegidos por la madre, el padre y la sociedad. Por eso el aborto es un crimen. Usted y yo no podemos disponer de la vida de otro ser humano. Solo nos toca amarla, cuidarla y protegerla. Ahora usted tiene el privilegio de ser llamada mamá. Si Dios le está concediendo el honor de ser madre, tendrá la fuerza, la valentía y el coraje de criar a una persona que será de bendición para su vida. Es extensión de su existencia, es carne de su carne, y tiene el privilegio de verle crecer en todas sus etapas. En unos pocos días su hijo reconocerá su voz. Dios le está concediendo el honor de ser madre.

Frente al pecado debe experimentar arrepentimiento y pedir perdón a Dios. Él le está dando una oportunidad de oro para que tome el control de su vida y la ponga en Sus manos. Basta ya de correr en la dirección equivocada. Si lo sigue haciendo se topará con una vida desordenada, heridas *profundas, un futuro inestable, siendo una persona de dese-cho ante los placeres de los demás, y este no es el plan de Dios para usted. Su vida tiene un propósito que cumplir y un destino que alcanzar. Nació para vivir con honra, donde experimente felicidad, plenitud y la paz que solo viene de la mano de Dios. Por eso, busque a Dios como nunca antes, afirme su fe en Él, y el Señor Jesucristo peleará esta batalla por usted.*

Es tiempo de hacer lo correcto, no aborte, es un crimen, y como bien lo dice, es inocente y requiere todo su amor. Los traumas luego de un aborto son dolorosos, igual que las con-secuencias de una vida desordenada en el área sexual. Ya cometió un error, no cometa otro. Por eso me permito darle algunas recomendaciones.

En primer lugar, aléjese de esta persona. No la busque más, corte comunicación con él totalmente. Es una persona casada y tiene una responsabilidad que cumplir con su familia. Usted fue una aventura más, tal como lo ha hecho con otras mujeres.

Puede ser muy apuesto, pero esto no basta para construir una historia de amor. El amor ocurre a la luz del día, donde no avergüenza, y produce una sensación de honor y honra a quienes lo viven. Por eso sus amigas tienen razón al decirle que se aleje de él.

Aléjese de ambientes y de las personas que le conducen a malos caminos. Todos tenemos inclinación al mal, como lo dice la Biblia. Pero las personas que aman su vida, que aman su futuro, no se excusan, sino que asumen su vida con sentido de destino, adquieren valentía, deciden lo que es bueno, y se alejan del peligro. Por eso, luche por encontrarse nuevamente con sus sueños, con Dios, y escriba la mejor de las historias.

En cuanto a su embarazo, no tome una decisión sola, no ingiera nada que dañe a su hijo, ni haga algo que lamente después. Visite a un médico para que le guíe en el proceso del embarazo. Busque a Dios como nunca antes y valore su vida y la oportunidad que tiene de hacerlo diferente. Recupere la alegría, la libertad y el sentido de propósito.

Tome los cuidados necesarios para vivir el privilegio de ser madre. Basta ya de correr en la dirección equivocada, esto le traerá más dolor y sufrimiento. Como el Señor lo advirtió: 'no tiene que pasar por el valle de sombra y de muerte, para ver Su gloria'.

Hable con sus padres y pídales perdón, consejo y solicíteles que le acompañen en este proceso. Es mejor enfrentar un momento de vergüenza con ellos que consecuencias más graves después. Hable con sus pastores y pídales que le acompañen en el proceso de restauración. Pida perdón a sus líderes espirituales y déjese guiar por consejeros profesionales.

Estoy seguro que tanto sus padres, como sus pastores y hermanos le van a acompañar en este tiempo, y lo que podría parecer muy doloroso, resultará en bendición para usted y su familia.

Es mejor enfrentar un momento amargo teniendo que ser valiente ahora, y no cavar un pozo donde las consecuencias sean peores.

Déjese amar por Dios y experimentará perdón, fuerza, paz, alegría y vida. Tome su vida y póngala en las manos de Dios. Es tiempo de que su vida brille como nunca antes, y esto lo logramos cuando nos encontramos con el perdón de Dios, quien vino a redimir lo que se había perdido. Lo va a lograr. No corra en la dirección equivocada, corra a los brazos de Dios y llore en Su presencia con arrepentimiento sincero. Sea valiente en reconocer su error, y déjese amar por Dios. Él le dice: "Hace mucho tiempo se me apareció el Señor *y me dijo: «Con amor eterno te he amado; por eso te sigo con fidelidad, oh virginal Israel. Te edificaré de nuevo; ¡sí, serás reedificada! De nuevo tomarás panderetas y saldrás a bailar con alegría"* (Jeremías 31:3-4).

La vida de un niño cambia nuestra existencia, experimentará las emociones más hermosas que pueda imaginar. Este niño o niña le traerá vida a su vida y llenará su existencia de experiencias maravillosas. Un día su hijo hará lo mismo por usted... le salvará la vida.

Del pecado tenemos que arrepentirnos, pero un hijo es un regalo, una bendición de Dios. Los días nuestros se cuentan desde que estamos en el vientre de nuestra madre, así lo indica el Salmo 139. «Tú creaste mis entrañas; me formaste en el vientre de mi madre. ¡Te alabo porque soy una creación admirable! ¡Tus obras son maravillosas, y esto lo sé muy bien! Mis huesos no te fueron desconocidos cuando en lo más recóndito era yo formado, cuando en lo más profundo de la tierra era yo entretejido. Tus ojos vieron mi cuerpo en gestación: todo estaba ya escrito en tu libro; todos mis días se estaban diseñando, aunque no existía uno solo de ellos» (Salmo 139:13-16).

Sé que Dios tiene grandes cosas para su vida, vaya por ellas.

Con el amor no se juega, porque las heridas que produce pueden ser muy profundas y tienen consecuencias generacionales.

Si se encuentra en una encrucijada como esta, deténgase, busque ayuda, escuche su conciencia, aléjese de las personas que no le convienen, y acérquese a Dios de una forma más íntima y personal.

El perdón de Dios no condena, no acusa, no avergüenza. El perdón de Dios nos pone de pie nuevamente, y nos pone a caminar de nuevo.

¿AMOR O CAPRICHO?
¿CÓMO SE DISTINGUE EL AMOR VERDADERO?

El amor romántico surge del encuentro de dos personas que, para seguir por el camino del amor comprometido, deben haber alcanzado la madurez para compartir sentimientos, respeto, cuidado mutuo y el disfrute y admiración el uno por el otro. Amar es tener un conocimiento profundo de la pareja y, aun conociéndola, aceptarla. Y esto solo puede darse en el marco de la sinceridad.

Amar es más que el sentimiento que produce la primera atracción, es más que estar con un "buen partido", o la más bella, o el más popular. Amar es hacer el bien a la otra persona, pero no es fácil, porque requiere la valentía de contener nuestros deseos egoístas con tal de buscar el bien de ambos.

1. LA CONQUISTA

El amor romántico inicia con la atracción, esa química que se despierta a partir del flechazo inicial. La atracción es natural, pero aún no es amor. Es solo la semilla que puede conducir a una bella experiencia, o bien, a una historia de dolor. La atracción conduce al enamoramiento, y el enamoramiento a la idealización. La idealización no es objetiva, porque muchas veces justifica lo que está mal, y tendemos a ver a la otra persona como alguien casi perfecto.

Idealizar a la persona de quien nos hemos enamorado podría conducirnos a evaluar elementos equivocados, por lo que terminamos engañados por cualidades superficiales como apariencia, buen verbo, popularidad, personalidad atrayente y posición social o riqueza.

Para dar paso al amor comprometido, debemos añadir el tiempo necesario para conocer quién es, cómo es y cuál es la historia de la persona. Sin ello será difícil descubrir sus intenciones, su carácter y su forma de ser.

El flechazo inicial no es suficiente. Luego de experimentar la atracción, debemos cultivar una verdadera amistad. Ni la conquista, ni el romance pueden apresurarse, porque podrían lastimar la relación de amigos que hemos venido forjando. Por el sendero del amor se camina lentamente. Seamos amigos, proporcionemos el tiempo necesario para que ambos revelemos las verdaderas intenciones. En el tiempo de ser amigos median los regalos, el halago, la caballerosidad, la gentileza y las buenas atenciones. Pero también se revela el carácter, el nivel de tolerancia y la capacidad de respetar. Ser amigos nos permite conocer quiénes somos en realidad, cuál es el entorno que nos rodea, y cuáles son los valores de nuestras familias.

Por el sendero del amor se camina lentamente.

Mientras recorremos el sendero del amor, hay que advertir las señales de peligro para no convertir una historia hermosa en una triste pesadilla.

En un centro educativo las amigas ilusionadas con el galán que las estaba conquistando, compartieron los mensajes de texto que les enviaba el misterioso seductor. Para sorpresa de todas, veinte de ellas tenían los mismos mensajes de la misma persona. Sí, veinte estaban siendo conquistadas como si fueran "únicas". Pero en realidad, eran presa de un caprichoso, egoísta, o simplemente un joven inseguro. En todo caso, no era un buen partido para ninguna.

La conquista no ocurre en lo oculto, avanza lentamente y recorre el camino del conocimiento mutuo. Se conoce a la familia, a los amigos, se sostienen conversaciones sinceras, y surge una amistad que se disfruta. Este proceso es el que evidencia si es amor de verdad o un juego de pasiones.

La conquista debe detenerse si la otra persona lo único que desea es pasión, porque se convierte en un juego que deja corazones lastimados y heridas profundas.

Una joven contó su historia de la siguiente manera:

"Cuando yo tenía 20 años, conocí a un hombre de 35. Yo trabajaba como secretaria en una oficina, él era un cliente. Llegaba y me trataba amablemente; iba muy seguido. Era alegre y me decía que yo era muy linda. Me invitaba a almorzar, pero yo no aceptaba, porque era tímida. Él era un hombre muy apuesto, bien vestido, siempre llevaba un buen perfume. Yo lo admiraba por lo varonil, serio y caballeroso. Como no aceptaba ir a almorzar, cada tarde me enviaba bocadillos. Eso me encantaba. Cuando yo salía de trabajar, él llegaba y se ofrecía a llevarme a casa. Al tiempo de insistir, yo acepté. En el camino, conversábamos y era agradable.

"Yo entraba a trabajar a las 8:00 a. m., y diez minutos después sonaba el teléfono. Era él para decirme: 'Hola,

espero que tengas un maravilloso día'. Esto hacía que me sintiera halagada. Al estar pendiente de mí por tanto tiempo, comencé a enamorarme. Un día, me pidió que fuera su novia y le pedí tiempo. Lo pensé como un mes; y luego le di la respuesta: sí. Me preguntó si tenía que ir a hablar con mis padres, y como yo era una persona de hogar, controlada por mis papás, le dije que sí. Fue a mi casa, habló con ellos y le dieron permiso de visitarme. Él los impresionó mucho y eso me agradó.

"Su madurez me cautivaba. Cada vez me enamoraba más. Después, comenzamos a hacer planes de boda. Soy consciente de que yo estaba más ilusionada que él. Él me decía que lo pensara bien, pues esto del matrimonio 'es muy duro'. Él había convivido con dos mujeres y tenía hijos con ellas. Nunca buscaba a sus hijos, y menos, suplía para sus necesidades. Pero yo decía que no importaba, que todo lo superaríamos con amor. Deseaba tenerlo todos los días, acostarme con él y despertarme viéndolo a mi lado. Mi deseo era vivir con él un sueño de amor. Puro romance. Yo era muy romántica y me gustaba tener detalles con él, aunque extrañaba que él no los tuviera conmigo, pero me decía: 'Luego los tendrás'.

"Hicimos charlas matrimoniales en la iglesia. Pusimos la fecha y nos casamos. Fue el día más bello. Me sentí totalmente feliz con el hombre que amaba. Ese día me dije: 'Ahora sí, a disfrutar de nuestras relaciones sexuales sin culpa. A disfrutar de nuestro amor'. Con toda la ilusión llegamos a la casa. Al llegar, me dijo que no quería hacer nada porque estaba muy cansado, pero yo insistí. Todo marchaba bien, aunque él era seco conmigo, pero yo lo buscaba siempre.

"La semana siguiente, comenzó a llegar tarde a casa y no me contaba dónde había estado. El mismo mes de habernos casado, comencé a llorar por miedo a estar sola en la casa; lloraba, pero no le decía nada. Dos meses después, encontré una foto de su exnovia en su billetera. Lloré mucho, le reclamé, pero me dijo que el día anterior se la había dado y que él la había guardado allí. Le pedí que la tirara y me dijo que no, que eso para él no significaba nada, que era solo alguien a quien apreciaba. Un día, ingresé a su correo electrónico y encontré infinidad de correos que él le enviaba, y ella, a él. Ella le decía que él iba a ser su amor eterno. Él le contaba en cada correo lo que hacía durante el día. En un correo, quedaron de encontrarse, él le escribió que deseaba verla a solas, textualmente: 'Solos tú y yo'. Todo esto pasó en cuestión de 8 meses. A mí se me cayó la venda...".

A esta joven le faltó consejo y discernimiento para observar las señales de peligro. Él no tenía el concepto correcto del matrimonio. Era una persona que había convivido con dos damas y de estas relaciones nacieron hijos, los cuales no atendía. Ella estaba simplemente ante un conquistador experto, quien hizo lo que correspondía: fue detallista, visitó a la familia, hizo el curso prematrimonial y se casó. Pero en esencia, solo era un conquistador que, al obtener lo que deseaba, lo desechaba y continuaba con la siguiente aventura, mientras que su pareja quedaba devastada y confundida.

Nadie cambia cuando se casa, lo que se observa hoy se multiplica cuando se contrae matrimonio. Ella no pesó lo que él había hecho en sus relaciones anteriores y su actitud ante sus hijos. Lo que las personas hacen en su círculo íntimo es lo que terminan haciendo en sus nuevas relaciones. Por eso, nunca debemos casarnos en función de una promesa de cambio.

Porque las personas no cambiamos al casarnos; seguimos siendo lo que siempre hemos sido.

Las personas no cambiamos al casarnos; seguimos siendo lo que siempre hemos sido.

El enamoramiento puede conducir a una relación sin sentido y corresponder a una conquista egoísta. Ese tipo de conquista solo se utiliza para obtener lo que se desea, pero termina degradando a la persona, y convierte todo en un juego que deja corazones heridos. Ese "amor" muere rápidamente y deja huellas que duelen.

El sentimiento intenso de "estar enamorado" no es una emoción muy confiable. Este intenso afecto puede evaporarse en cuestión de meses, dejando a la persona confundida o, peor aun, tristemente casada con la persona equivocada.

La única manera de saber si realmente se ama a otra persona es dar suficiente tiempo para observar detenidamente la realidad, los detalles y las pequeñas señales que ayudan a conocer al otro: sus virtudes y sus defectos.

Es indispensable que antes de asumir un compromiso o una relación romántica bajo la figura del noviazgo, busquemos el consejo de quienes nos aman, como lo son nuestros padres y nuestros mejores amigos, porque ellos observan con mayor claridad lo que un enamorado idealiza.

No disculpemos lo que es evidente. Observemos su vida, el fruto de sus relaciones anteriores y sus costumbres.

2. EL CAPRICHO

El capricho se fundamenta únicamente en las emociones. Es sentir un deseo profundo de tener y poseer. El capricho apresura las relaciones románticas y no busca una relación saludable que se proyecte en el tiempo.

El capricho no razona, tampoco busca consejo, se impone a partir de un sentimiento, aunque este sea irracional, y como se fundamenta en lo que siente, es impaciente.

Por el contrario, el amor piensa, observa, toma su tiempo, recorre las etapas del amor lentamente, no se impone, ni manipula, y en lugar de poseer, da. El amor es un proceso inteligente que ayuda a construir relaciones saludables.

El amor es un proceso inteligente que ayuda a construir relaciones saludables.

El capricho solo ve la versión idealizada de la otra persona, y no como es en realidad. Le pueden decir que es peligroso y que ha hecho lo mismo con otros, pero el encaprichado solo ve lo que quiere ver. En una ocasión escuché a unos padres advertir a su hija de quince años que la persona que le gustaba estaba envuelta en drogas; pero ella insistía en que le decían eso porque no conocían al joven en su verdadera dimensión, que ella sí lo conocía. Un amigo también le advirtió que él andaba con otras mujeres, y ella argumentó que decía eso nada más porque no le agradaba que fuera su novio. Esta joven enamorada en lugar de escuchar, desfiguró el amor y lo convirtió en un capricho.

En otra ocasión, una joven contó:

"Luego de terminar una relación de más de cinco años, me refugié en las redes sociales. Conocí a alguien muy especial de otro país que me escuchó, nos hicimos amigos. Hablábamos todos los días. Su compañía era agradable. A los meses, él me indicó que deseaba viajar para conocerme personalmente y conocer a mi familia, pero que no tenía el dinero en ese momento. Ante esto solicité un crédito y le envié diez mil dólares para que él arreglara todo y pudiera viajar tranquilamente, ante la promesa de que al llegar me daría el dinero. Luego de eso, desapareció para siempre. Qué torpe fui, sabía que eso sucedería".

No es fácil distinguir a un estafador cuando estamos enamorados. Por eso, al enamoramiento hay que añadirle la inteligencia necesaria para no hacer algo que lamentemos después. En medio de situaciones que le parezcan que no están bien, busque el consejo de personas con más experiencia y escuche lo que le advierten.

El encaprichado está apresurado en poseer y descuida los detalles importantes del respeto, la admiración, la comprensión y la tolerancia. El encaprichado solo exige que las cosas se hagan a su manera, y esto es peligroso.

La persona encaprichada es posesiva, celosa, insegura y olvida pronto la cortesía y los buenos modales. En cambio, el amor pone el énfasis en el bienestar de la pareja, no hace nada indebido y la respeta.

¿Cómo podemos saber si hay realmente amor? Cuando nos respetamos mutuamente, hay amor; cuando no imponemos nuestros deseos egoístas, nos llegamos a amar. Cuando protegemos la dignidad de la otra persona, hay amor. El amor es paciente, no se deleita en la maldad, se alegra cuando triunfa la verdad, se disculpa, recapacita y hace grande a quien está a su lado. El amor alimenta los sueños, produce esperanza y fortalece la ilusión. Así lo afirma Pablo en 1 Corintios 13.

Cuando las características del amor prevalecen, aun si la relación termina, la amistad puede continuar, porque fue forjada con sinceridad y respeto.

3. ESTAR LOCAMENTE ENAMORADO

Iniciar una relación romántica es fácil, pero terminarla podría ser muy doloroso para alguno de los dos.

Así lo expresó una persona locamente enamorada:

"Ahora no puedo dejar de pensar en ella. Me consumen las ganas de seguirle hablando, literalmente me duelen las entrañas, no me alimento bien, me siento desganado, caí en una severa depresión. Borré todo de mi computadora, sus fotos, sus cartas, y todo lo que me la recuerda, pero no quiero olvidarla. La quité de mis redes sociales, pero el caso es que me aprendí su número de teléfono de memoria y todo el día quiero llamarla. Extraño su voz. Me he enterado que está saliendo con un amigo, y me mata pensar qué está pasando entre ellos. Tengo un coraje enfermizo, me duele mucho, es horrible, ya no lo tolero.

"Ella es una gran mujer, y lamento haberla perdido. Ya no quiere hablar conmigo, no contesta mis mensajes cuando le escribo. Ella es la mujer con la que quiero pasar el resto de mi vida. Quizá debía haberle dado el tiempo que me estaba pidiendo, en lugar de terminar apresuradamente. Me arrepiento de haberle dicho que ya no nos viéramos. Quizá debí haber dejado que fuéramos más tiempo amigos; creo que apresuré la relación. Eso habría hecho que ella se enamorara

más de mí. Ahora no sé si tratar de recuperarla o si debo olvidarme de ella. Me arrepiento a veces de haberla invitado a salir por primera vez, me hubiera ahorrado tanto dolor... De verdad, nunca me había dolido nada tanto y por tanto tiempo".

No es fácil soltar un amor que se fue. Los recuerdos y el sentimiento herido hacen que todo se eleve a una dimensión de locura, porque estimula la fantasía. El orgullo ha sido herido, y esto es lo que más duele, o más bien lo que exacerba todo lo que se vivió.

Se requiere tiempo para poder volver a la normalidad y, muchas veces, lo ideal es buscar ayuda y la compañía de buenos amigos que llenen los espacios que dejó la persona que se marchó. Es indispensable volver a soñar en algo mejor, en lugar de entregarnos al viaje interminable de los recuerdos, que lo único que hace es producir dolor, porque ese amor posiblemente no volverá.

CÓMO SÉ QUE ES AMOR

A través de los tiempos se han recogido en numerosas canciones, obras de teatro, películas y programas de televisión, historias de amor que iniciaron con lo que se ha llamado "amor a primera vista". Tanto se ha hablado de él, que es importante reflexionar acerca de la posibilidad de que realmente se dé. Sin duda alguna, varias de estas historias tienen un final feliz, así como muchas otras han sido un total fracaso. Sin embargo, a pesar de que el resultado sea positivo, esto no es suficiente para probar que el amor verdadero puede surgir de un encuentro casual, ya que son muchos los factores y circunstancias que influyen en el desenvolvimiento de una relación romántica, sea cual fuese la forma en que esta inicie.

Es importante que al examinar la posibilidad del nacimiento de un amor verdadero en un primer encuentro, lo hagamos a partir de una correcta definición del concepto de amor. Considero que el amor a primera vista es difícil de experimentar, y es imposible, porque el amor verdadero no es simplemente una sensación romántica, o atracción sexual, o el deseo de casarse con un posible candidato, o la emoción de haber "capturado" a alguien socialmente deseable. Esto es lo que nuestras emociones experimentan. El verdadero amor es más que una emoción, porque estas emociones son muchas veces egoístas, ya que son motivadas por un deseo de gratificación instantánea o complacencia personal. Normalmente en estas circunstancias, **no** nos hemos enamorado de la otra persona; nos hemos enamorado de alguien a quien idealizamos. Y hay una diferencia enorme entre enamorarse de alguien a quien recién conozco, y amar a alguien de verdad.

El amor verdadero involucra la expresión de nuestro más profundo aprecio por otro ser humano; es tener un conocimiento muy grande de sus necesidades, de su forma de ser y de sus sueños y anhelos; el amor es generoso, dedicado y comprensivo; y estas no son actitudes que se producen en un encuentro casual, sino que se desarrollan mientras nos conocemos, es decir, mientras transcurre el tiempo y logramos ver más allá de la piel.

El amor piensa, razona, reflexiona y nos conduce a una relación extendida en el tiempo.

El amor crece a partir de un vínculo fundamentado en una relación de compromiso, pero este vínculo no se produce a primera vista en una noche encantadora en un lugar lleno de personas. La atracción debe dar paso al conocimiento mutuo. El amor es la capacidad de respetar, valorar y aceptar. Es el tiempo compartido lo que dice que aquello es realmente amor, o era solamente un capricho egoísta.

El amor es una manera especial de actuar, de sentir, y de pensar; es la mejor forma de darnos a la otra persona, sin herir, humillar ni lastimar. Es algo que aprendemos mientras caminamos juntos y descubrimos a la persona extraordinaria que decimos amar. El amor piensa, razona, reflexiona y nos conduce a una relación extendida en el tiempo. Por el contrario, las emociones que surgen solo a partir de una atracción física, se evaporan con el tiempo. Por eso, no basta estar enamorado para decir que amamos.

Para minimizar los efectos negativos del enamoramiento, ya que podría cegar el razonamiento y conducirnos a emociones impulsivas, se debe trabajar en el manejo y control de ellas a través de la razón, el consejo y el dominio propio.

Los sentimientos no son ni buenos ni malos. El problema es dejarnos llevar impulsivamente creyendo que el amor es un golpe de suerte. El sentimiento intenso de "estar enamorado" **no** es una emoción muy confiable. Hay que darle tiempo para conocer las intenciones, soportar las decepciones y superar las crisis. Este intenso afecto puede evaporarse en cuestión de días, dejando a la persona confundida o herida. Según comenté antes, la única manera de saber si realmente se ama a la otra persona es dar suficiente tiempo para que ambos se puedan conocer bien. Porque usted se enamora de un "cuerpazo", pero se casa con un carácter, hábitos y costumbres.

> **Usted se enamora de un "cuerpazo", pero se casa con un carácter, hábitos y costumbres.**

El amor verdadero no se apresura, hace las cosas correctamente, aprecia los sueños de la otra persona, no se irrita fácilmente, no impone sus deseos, es respetuoso, amable, considerado, y no tiene intenciones ocultas. Por eso, para que el amor crezca, se requiere avanzar en la relación lentamente. El amor acepta totalmente a la otra persona tal cual es, no intenta cambiarla. Por eso, si lo que vive es un amor romántico, asegúrese de conocer bien a quien dice amar.

El amor proviene de un verbo que necesita ser definido para poder distinguirlo cuando está presente, y Pablo lo hace al explicar claramente el verbo amar:

> *El amor es paciente, es bondadoso. El amor no es envidioso ni jactancioso ni orgulloso. No se comporta con rudeza, no es egoísta, no se enoja fácilmente, no guarda rencor. El amor no se deleita en la maldad, sino que se regocija con la verdad. Todo lo disculpa, todo lo cree, todo lo espera, todo lo soporta. El amor jamás se extingue...*
>
> (1 Corintios 13:4-8)

Se dice que el amor es ciego, pero no es cierto. El capricho sí es ciego, porque solo ve la versión idealizada de la otra persona, y no como es en realidad. Cuando uno ama de verdad, tiene sus ojos abiertos de par en par, y quiere aprender todo lo que puede sobre la otra persona, en lugar de idealizarla.

El amor es un estilo de vida, más que una emoción.

El amor **no** es algo fácil. El amor se cultiva con el tiempo, se forja con paciencia y tolerancia, se desarrolla con perdón, aceptación y admiración mutua. El amor se aprende mientras caminamos juntos; es una decisión que hay que cultivar, defender y proteger. El amor es un estilo de vida, más que una emoción.

El enamoramiento egoísta, en el que se usa al otro para nuestra propia complacencia, degrada y hace perder la dignidad, se convierte en un juego, en un instrumento para satisfacer deseos egoístas; muere rápidamente y deja heridas profundas.

Realmente considero que quienes buscan las relaciones "rápidas", "sin compromiso" y la aventura, reprimen la nobleza de sus sentimientos, y solo desean satisfacer sus deseos egoístas y momentáneos. Estas personas no son los más apasionados como se tiende a pensar, sino, al contrario, son calculadoras y frías, y en el fondo experimentan el sinsabor de la soledad ya que no se han dado la oportunidad de amar de verdad.

> **El amor hace prevalecer la libertad de ambos, busca la realización de quien se ama y eleva su dignidad.**

El amor no es algo que se usa y se desecha; el amor nació para quedarse, el amor es para siempre y nunca deja de ser. Cuando lo que hay es un "enamoramiento egoísta", se exige, se demanda, la persona es impaciente con cualquier cosa que se interponga en su camino y trata de dominar imponiéndose. Sin embargo, el verdadero amor no se impone, ni trata de dominar, procura hacer prevalecer lo correcto, protege el honor de la otra persona y nunca hace algo que vaya en contra de sus valores. El amor hace prevalecer la libertad de ambos, busca la realización de quien se ama y eleva su dignidad.

Amamos cuando hemos aprendido a entregar lo mejor que tenemos en beneficio de ambos, cuando se sabe decir "lo siento" y se rectifica el camino. Cuando se ama, se recapacita, y se pide perdón cuando hemos lastimado. Cuando amamos de verdad, se produce algo más que un sentimiento pasajero y egoísta, termina siendo una amistad que crece con el tiempo, se hace agradable la compañía, y caminamos juntos en una misma dirección.

La mayor prueba de amor está en el hecho de darle a la otra persona la libertad de decir "no", la oportunidad de decidir, y esto nos conduce a sentirnos respetados.

Amor es compartir las esperanzas y las penas, es crecer en confianza y compañerismo, son conversaciones sinceras, es todo aquello que produce verdadera intimidad. El amor es una amistad que crece e inspira seguridad, ilusión y respeto. El amor alimenta los sueños y produce esperanza. El amor no roba la ilusión, la fortalece. Aun si la relación termina, la amistad puede continuar, porque fue forjada con amor de verdad.

En medio de una conferencia, ella dijo:

"Mis padres nos pidieron que termináramos para que yo me concentrara en terminar mi carrera profesional. Nos dolió mucho, pero sabíamos que era lo mejor. Permanecimos siendo amigos y admirándonos mutuamente. Si en ese momento él se hubiera enamorado de otra persona, y ella me hubiera preguntado cómo es él, le hubiera dicho que es todo un caballero, que es la mejor persona del mundo. Pero eso no ocurrió. Ambos esperamos dos años y, al terminar nuestra carrera, decidimos regresar y nos casamos. Hoy al mirar hacia atrás, nos damos cuenta que fue lo mejor que pudimos hacer. Aunque no fue fácil al inicio y lloramos mucho, nuestro amor era tan fuerte que soportamos la prueba del tiempo. Pudimos convertir la aventura en un capricho, pero decidimos hacer lo correcto y no nos arrepentimos. Hoy tenemos dos hermosas hijas y un matrimonio sólido, y creo que esto sucedió porque hicimos prevalecer lo correcto sobre nuestros deseos juveniles".

Es este amor el que nos permite escribir la mejor de las historias, porque sabe esperar, y hacer lo correcto. Por eso, el amor no es un golpe de suerte, es la convicción de hacer lo correcto en toda circunstancia.

Renunciar a los deseos egoístas y a la imposición de mis caprichos es el primer requisito del amor, tanto en el mundo del casado como del soltero. Quien aprende a renunciar a su egoísmo, jamás experimentará la soledad del que actúa caprichosamente. Quienes no aprenden la importancia de la renuncia, siempre se sentirán solos, aunque se hayan casado.

> **Quien aprende a renunciar a su egoísmo, jamás experimentará la soledad del que actúa caprichosamente.**

Es cierto que todos tenemos que hacer frente a los sentimientos egoístas que afloran de vez en cuando, a esa soledad egocéntrica muchas veces disfrazada de lujuria. Los solteros y los casados debemos tener una vida realizada a pesar de los muchos deseos no realizados. Debemos aprender a morir a nosotros mismos con tal de dar vida al amor, a ese amor que se entrega, que se da con tal de sembrar realización en la persona amada. No hay felicidad sin renuncia y sin sacrificar mis deseos egoístas por el beneficio de ambos. Por lo tanto, la felicidad no es una condición del estado civil; es el fruto de entregarnos a quien hemos decidido amar, respetar, y honrar. Es mantener intacta nuestra admiración en medio de las emociones que suben y bajan.

El amor se expresa cuando somos capaces de trascender el efímero deseo de poseer el cuerpo hermoso, con tal de hacer lo correcto en beneficio de ambos. Es el arte de interesarme en la otra persona hasta descubrir los sentimientos más nobles que le identifican. Es descubrir que sus ilusiones me emocionan y sus tristezas me duelen. Es dejar de lado el egoísmo de la autocomplacencia, para encontrarme con el magnífico ser humano que camina conmigo.

La humildad, la simpatía, el honor y el respeto mutuo, nos conducen al amor verdadero, el que no hace nada indebido, el que se disculpa con prontitud, el que es libre, emocionante, el que inspira respeto y deseos de vivir.

El amor no solo debe sentirse; debe protegerse, requiere tiempo, y debe cultivarse. El amor es una decisión que crece a partir de la cortesía, la amabilidad, los actos de servicio, y los detalles que nos conducen a la conquista mutua. El amor es la decisión de honrar, proteger y cuidar a la persona amada. El amor no hace nada indebido, no es egoísta y, por lo tanto, no muere con el tiempo, más bien se fortalece. No significa perfección, porque a quien hemos decidido amar, es un ser humano como nosotros, que tiene virtudes y defectos.

EL AMOR NO ES CELOSO

Los celos son emociones negativas alimentadas por la idea de que "podría perder al ser amado". Por lo tanto, lo trato de controlar por medio de la manipulación. Los celos se originan en la desconfianza y en la baja autoestima, normalmente por experiencias pasadas que nos robaron la capacidad de confiar. Los celos se expresan en desconfianza, ansiedad y frustración. Cuando nos dejamos controlar por los celos enfermizos, lo único que evidenciamos es que tenemos un corazón herido y no nos valoramos lo suficiente, y por lo tanto, tenemos poca confianza en nosotros mismos y en los demás.

Los celos nos inducen a tratar de controlar todo, vemos fantasmas donde no existen y esto afecta la vida de la familia, porque invadimos la privacidad de la persona, y generamos una molestia constante.

Los celos no son una expresión de amor, sino más bien una forma de controlar, pero esto es distante al amor, porque el amor confía plenamente, y esto produce seguridad. El amor no se impone, porque nadie está obligado a amar; todos decidimos libremente amar. Por esta razón, los celos no hacen crecer el amor, más bien lo alejan.

Los celos se originan en las inseguridades que surgen de experiencias pasadas, o bien porque nos enseñaron que al ser celosos estamos expresando que amamos mucho. El amor no posee, porque las personas no son propiedad de nadie, las personas elegimos voluntariamente amar y para esto, cada uno de nosotros debe decidir libremente hacerlo. Jamás exija que alguien le ame, más bien, sea una persona tan agradable, que los demás deseen estar a su lado por lo especial que es.

Si estoy actuando con ira, genero conflicto por todo, reclamo constantemente, trato de espiar a mi cónyuge, le digo cómo vestirse, me escondo para supervisar lo que hace, le grito y tengo reacciones violentas, debo detenerme para volver a tomar el control de mi vida. El problema no es el **cónyuge, el problema de inseguridad lo tengo yo,** y por lo tanto debo trabajar en esto. Si no controlo los celos enfermizos me van a convertir en una persona violenta y poco a poco alejaré a los que me aman, porque voy a producir tensión. Debo controlar los celos, porque podrían conducirme a depresiones severas, y a trastornos emocionales.

Cuando la relación se fundamenta enteramente en la emoción de estar enamorados, es fácil que se sienta amenazada e influenciada por muchos factores externos. A menudo, uno de los dos llega a ser posesivo porque no ha tratado con sus inseguridades.

El amor genuino enfatiza el bienestar de la otra persona, cree, confía y, por lo tanto, es menos celoso y posesivo, y es difícil que se sienta amenazado.

EL AMOR NO ES RUDO NI TIENE MALOS MODALES

El capricho olvida pronto los buenos modales, la gentileza, los detalles y las palabras de afecto, pero el amor verdadero continúa mostrando respeto, cordialidad y es amable en todo momento.

Trate a cada persona como quiere que lo traten a usted. Por eso, toda mujer se siente amada cuando él la respeta y protege su dignidad; y la relación se fortalece cuando ella hace lo mismo por él.

Busque maneras de atender las necesidades físicas, emocionales y espirituales de los que le rodean. Combata cualquier deseo de egoísmo y de sacar ventaja injusta sobre los demás. El respeto mutuo es fundamental para que la relación sea agradable, y perdure en el tiempo.

El amor no encierra a la otra persona, aislándola de los demás o de su propia familia. El día que construyamos una jaula alrededor de quien amamos, vamos a matar el amor, porque el amor crece cuando se sabe libre para decidir. Hay que respetar la libertad de la persona a quien amamos, sea nuestro cónyuge o nuestro amigo; de otra forma, podríamos ahogar a la persona y conducir la relación a una codependencia enfermiza.

El amor crece cuando se sabe libre para decidir.

Debemos estar dispuestos a permitir que la otra persona se sienta libre, y si en algún momento la relación termina, debemos dejarla ir, aunque nos duela en lo más profundo de nuestro ser. Cuando hacemos esto, estamos aumentando las posibilidades de que la persona amada no se vaya, porque el respeto y la libertad son dos actitudes que hacen crecer el amor.

El amor no se impone, no se manipula y no se suplica. El amor se inspira, y se logra cuando hemos aprendido a amarnos a nosotros mismos.

El amor no se impone, no se manipula y no se suplica. El amor se inspira.

LOS PELIGROS DEL AMOR

El amor es noble, no hace nada indebido, no es egoísta, ni autocomplaciente, no posee, ni manipula. Tampoco tiene intenciones ocultas. El amor hace grande a la otra persona, le ayuda en su crecimiento personal y le permite ser ella misma. No pone en riesgo sus sueños ni su proyecto de vida, más bien, le ayuda a cumplirlos.

> **El amor hace grande a la otra persona, le ayuda en su crecimiento personal y le permite ser ella misma.**

Las relaciones saludables nos dan crecimiento, pero las malas interpretaciones acerca del amor son peligrosas. Muchas personas en nombre de lo que llaman "amor", han permitido la humillación y el maltrato de sus parejas, envolviéndose en relaciones de codependencia que los han llevado a sentirse denigrados, cansados y sin salida.

La dependencia, el abuso emocional, la agresión, el engaño, las malas intenciones, la obsesión, el capricho, abandonar todo por "amor", la "perfección", la rapidez, por venganza, para olvidar un viejo amor, ser quien no somos por "amor", estar locamente enamorados y sufrir mucho, conocernos solo por Internet, no ver las señales de peligro... La lista de las trampas del amor puede ser más amplia de lo que imaginamos.

1. ¿CUÁLES SON AQUELLAS SEÑALES DE PELIGRO?

+ **Idealizar en exceso a la persona de la que se ha enamorado.** El enamoramiento puede conducir a una relación sin sentido y corresponder a una conquista egoísta. El flechazo inicial no es suficiente. Luego de experimentar la atracción, debemos cultivar una verdadera amistad, invertir tiempo en la relación y discernir las intenciones. Ni la conquista ni el romance pueden apresurarse, porque podría lastimar la relación de amigos que hemos venido forjando. Recuerde que por el sendero del amor se camina lentamente.

+ **No distinguir al conquistador experto.** El conquistador es una persona calculadora, egoísta y autocomplaciente. Utiliza las frases correctas, toma la pose adecuada y dice lo mismo siempre. Es aquel hombre o mujer que lo que casi siempre busca es pasar la noche con alguien, o al menos acercarse físicamente tanto como pueda. Esa conquista solo se utiliza para obtener lo que se desea, degradar a la persona, hacerle perder su dignidad y convertir todo en un juego y en un instrumento para satisfacer. Ese "amor" muere rápidamente y deja huellas que duelen. Cuando la aventura termina, las personas que sucumben ante los encantos del conquistador experto, se sienten usadas y frustradas

Si reconoce que tiene una necesidad afectiva que necesita trabajar con un profesional, hágalo lo más pronto posible, para que no se convierta en lo que he llamado "un mendigo emocional". Los mendigos emocionales son las personas que andan con un rótulo invisible que dice: "ámame, por favor". Estas personas son presa fácil del depredador sexual, es decir, del conquistador experto.

+ **Apresurar la relación.** Las personas se apresuran porque piensan que el amor es un golpe de suerte, donde no es indispensable conocer a la otra persona, sino que es una cuestión del destino. También puede ocurrir cuando se tiene el sentimiento de que "¡esto nunca lo había sentido por nadie!", y por lo tanto creemos que debe ser cierto lo que estamos experimentando. Otro motivo que nos impulsa a apresurar la relación es el temor de perder a quien creemos amar. Esto es producto de sentimientos de inseguridad y de una baja autoestima, o de haber sido heridos en una relación previa

El amor no es un golpe de suerte, por eso no se debe apresurar. El amor crece cuando conocemos a la persona lo mejor posible y confirmamos que ambos tenemos principios éticos en común, buenas intenciones y nuestros proyectos de vida se complementan.

El amor no es un golpe de suerte, por eso no se debe apresurar.

◆ **Caer en una relación enfermiza.** Hay personas que al no enfrentar sus problemas personales, pueden caer en relaciones enfermizas, donde, con tal de ser amadas, soportan todo creyendo que es amor. Si una persona con tal de mantener la relación debe abandonar sus sueños, proyectos, familia, amigos, actividades deportivas o carrera, definitivamente no está en una relación saludable. No podemos confundir amor con "soportar todo tipo de abuso". Sí, en el amor hay que pagar un precio, y quien no está dispuesto a pagarlo no logrará relaciones saludables. Pero este precio nunca puede ir en contra de nuestra dignidad como persona. Para que una relación tenga futuro, el nivel de tolerancia tiene que ser alto, pero esto no tiene nada que ver con soportar el abuso emocional, sexual, patrimonial o físico. El amor no hace daño, porque es gentil, amable, respetuoso y se disculpa cuando ha lastimado.

◆ **Creer que la felicidad depende del otro.** En el amor no hay codependencia, más bien nos complementamos. En el amor cada uno es responsable de su vida, y decidimos caminar juntos en una relación interdependiente. La relación se enferma cuando hago que mi felicidad dependa de la otra persona; cuando no puedo hacer nada por mí mismo sin el consentimiento de alguien más. El amor crece a partir del encuentro de dos personas que se saben ellas mismas, se respetan mutuamente y se permiten ser complementadas.

◆ **Caer en la trampa de los años.** Una de las trampas más frecuentes es creer que, por tener muchos años y experiencia, podemos saltar las etapas del amor. "Bueno, de por sí somos viejos, maduros y sabemos qué queremos". El hecho de que las personas tengan experiencia no significa que se pueden saltar los ingredientes fundamentales de ser amigos primero, añadir el tiempo suficiente para conocerse, escuchar el consejo de personas que les aman y utilizar el sentido común. Precisamente porque han pasado los años, es indispensable no ignorar que toda relación romántica requiere más prudencia, porque la personalidad, las costumbres, los hábitos y el carácter están muy definidos.

+ **Creer en la ilusión de las redes sociales.** Es difícil conocer bien a alguien en la Internet porque solo dialogamos sobre lo positivo de nosotros. Nunca conoceremos su entorno, sus amigos, su ambiente familiar, su sentido de responsabilidad, sus momentos difíciles y cómo responde a los desafíos. Es difícil enojarse con alguien a quien solo vemos ocasionalmente y se conecta solo cuando se siente bien. A la distancia, solo hay tiempo para idealizar, pero no para amar de verdad. Muchos se han enamorado en Internet y, con el tiempo, han logrado una auténtica relación, porque a pesar de que se conocieron por este medio, se dieron la oportunidad de interactuar personalmente sin adelantar las etapas propias del amor.

No podemos ignorar las señales de peligro que puedan surgir en cualquier relación romántica, porque podrían convertirse en trampas que lastiman. El amor envuelve nuestros sentimientos, pero requiere el consejo sabio de quienes nos aman y una alta dosis de inteligencia para discernir lo que está bien de lo que es incorrecto.

2. LUCES ROJAS QUE NO SE PUEDEN IGNORAR

En una relación no pueden ignorarse las señales que evidencian problemas serios de personalidad, adicciones o abusos. Si ve señales de peligro, actúe de inmediato. El amor alimenta los sueños y produce esperanza. No roba la ilusión, más bien, la fortalece. Algunas luces rojas son:

A. EL ABUSO

Toda relación humana debe fundamentarse en la admiración, la aceptación, el respeto y la cordialidad. Por eso en el amor, los abusos no pueden ser tolerados de ninguna manera. No hay explicación razonable que apoye cualquier forma de abuso. El abuso nunca es justificable y debe detenerse inmediatamente. Si nos sentimos obligados, manipulados o impulsados a actuar en contra de nuestra voluntad, debemos terminar la relación inmediatamente, hablar con nuestros padres y buscar ayuda profesional. Si se encuentra en una relación donde se siente abusada, utilizada, o atemorizada, hable hoy mismo con alguien que le ayude.

> **En el amor, los abusos no pueden ser tolerados de ninguna manera.**

HAY VARIOS TIPOS DE ABUSOS:

+ El abuso físico, donde prima la fuerza para controlar o lastimar a la otra persona.

+ El abuso verbal, que es cualquier expresión que pretenda controlar o disminuir la capacidad del otro.

+ El abuso emocional, que implica manipular o degradar.

+ El abuso espiritual, que manipula y controla en el nombre de Dios.

+ El abuso sexual, que es toda conducta que pretenda obligarle a tener relaciones sexuales sin su consentimiento.

+ El abuso patrimonial, que se da cuando, en nombre del amor y de la relación, uno saca provecho del otro en cuanto a bienes materiales o las finanzas.

B. LAS ADICCIONES

Cuando estamos en una relación con una persona que sufre alguna adicción, estamos tratando con alguien que es esclavo de ella. No es una persona libre, con autocontrol y equilibrada. Al ser una persona controlada por una sustancia, le será difícil mantener una relación sana y estable y posiblemente tenga relaciones rotas constantemente.

El problema de la adicción es que esa será su prioridad, poniendo la relación en un segundo plano.

Cuando media una adicción, usted se verá justificando a la otra persona para sostener la relación. Nos convertimos en sus salvadores, desarrollando una relación codependiente. Sin embargo, el amor romántico no es un amor que se fundamenta en la caridad o en relaciones de víctima-rescatador, se fundamenta en la salud emocional que ambos tienen. Por eso, la recomendación es terminar lo más pronto posible y no regresar hasta que la otra persona haya superado totalmente la adicción y haya buscado ayuda para evitar caer en lo mismo.

Tanto la persona con adicción como su rescatador, tienen problemas emocionales profundos que necesitan ser resueltos y acompañados por un profesional.

C. LA INFIDELIDAD

Si estamos con una persona que es o ha sido infiel, es mejor meditarlo muy bien, porque este comportamiento podría ser su forma de ser.

Uno de los fundamentos de una relación saludable es la fidelidad que fortalece la confianza y provee seguridad a ambas partes. Si se mina la confianza en la relación, el dolor que experimentaremos se extenderá en el tiempo y será difícil de recuperarla.

D. LA INMADUREZ O LA IRRESPONSABILIDAD

No significa que la pareja sea olvidadiza, o pierda las llaves de la casa o no sepa dónde dejó su celular. Pero si observamos que es una persona con un profundo patrón de inmadurez e irresponsabilidad, lo que está diciendo es: "¿Quieres ser mi mamá o mi papá?", "¿Puedes hacerte responsable por mí?".

Una persona inmadura no tiene metas ni propósito en la vida, puede ser un idealista, pero difícilmente pone manos a la obra para su realización. Además, espera que otro sea quien le resuelva sus problemas. Asimismo, es poco comprometido y abandona las responsabilidades que había asumido con anterioridad: no termina nada de lo que inicia. También, suele posponer todas las cosas para último minuto y frecuentemente llega tarde a sus compromisos o no los atiende. Tiene dificultad para tener trabajos estables, no paga sus deudas y posee un mal historial crediticio. Es descuidado en su higiene personal y su casa podría ser un desastre. Con una persona así, no creo que logre tener una relación estable, saludable y duradera en el tiempo.

E. PROBLEMAS EMOCIONALES NO RESUELTOS

Una persona que trae un lastre emocional no resuelto, definitivamente no tendrá un funcionamiento sano en una relación. Podría tener luchas por el poder, arranques de ira profundos, o bien depresiones frecuentes. Por eso es saludable que ambos puedan haber alcanzado una buena salud emocional antes de iniciar una relación.

No es fácil distinguir los problemas emocionales no resueltos, por lo que es indispensable que se puedan dar el tiempo necesario para conocerse, tratar a la familia y observar las conductas poco saludables. Toda relación debe ser evaluada para no avanzar hacia un precipicio de dolor y abuso.

Decidamos establecer relaciones con personas que hayan alcanzado equilibrio y salud emocional.

¿CÓMO ELEGIR SABIAMENTE EL AMOR?

Solía pensarse en el pasado que si una relación empezaba, debía terminar en matrimonio, y debía respetarse ese compromiso hasta terminar en el altar, aunque la relación hubiera caminado a tropezones, sin haber sido trabajada y sin el conocimiento real de con quién nos estábamos casando. Pero hoy suele ocurrir totalmente lo opuesto: cualquier excusa es válida para romper relaciones, ya nadie quiere esforzarse por ellas, porque pocos quieren compromisos serios. Lo engañoso de ello es que, si no nos comprometemos, la relación se puede convertir en una aventura que no tiene futuro y deja los corazones heridos.

Salir corriendo en medio del primer conflicto es más fácil y cómodo que luchar por el matrimonio. Pero si lo hacemos así, nunca sabremos de qué somos capaces. Claro está, al comprometernos estamos asumiendo que estamos dispuestos a luchar por la relación hasta el final.

Por cuanto el amor romántico no es una aventura con la que se puede jugar o un golpe de suerte, debemos tomarlo con la seriedad que merece, y esto implica añadir al enamoramiento el tiempo necesario para conocer a profundidad a la otra persona, y así convertirnos en los mejores amigos, tener la humildad de pedir consejo, y pedir a Dios el discernimiento necesario para hacer lo correcto.

Para elegir sabiamente con quién casarse, al enamoramiento hay que añadir tiempo; al tiempo, amistad; a la amistad, consejo; al consejo, inteligencia; y a la inteligencia, sentido común.

Para poder dimensionar la profundidad del tipo de amor que se necesita para contraer matrimonio, le sugiero responder a las siguientes preguntas, las cuales le ayudarán a ordenar sus emociones y a decidir con sentido común, y un alto grado de sabiduría: ¿Me conviene? ¿Lo conozco realmente? ¿Es alguien emocionalmente equilibrado? ¿Aprecia a su familia? ¿Pensamos parecido en cuanto a lo que significa casarnos y fundar una familia? ¿Me respeta y se respeta a sí mismo? ¿Discutimos frecuentemente y muchas veces sin razón aparente? ¿Es una persona segura? ¿Tiene un alto sentido de realización y de superación personal? ¿Me respalda y me ayuda a luchar por las metas importantes que me he propuesto? ¿Me veo compartiendo el resto de mi vida con esta persona? ¿Su proyecto de vida y el mío se complementan? ¿Esta relación nos beneficia mutuamente? ¿Podré vivir con sus defectos sin esperar que cambie? ¿Esta relación tiene futuro o es un "mientras tanto"? ¿Cómo me siento cuando le presento a mis amigos y familiares?

Estas preguntas son esenciales para avanzar a la siguiente etapa, pero… es importante recordar que lo que esperamos que la otra persona sea y haya alcanzado en su vida, yo debo tenerlo claro para mí mismo también. Por eso, hágase estas preguntas a usted mismo con respecto a su propia persona: ¿Soy alguien emocionalmente equilibrado? ¿Me conozco a profundidad? ¿Aprecio a mi propia familia? ¿Tengo un concepto claro de lo que significa el matrimonio y edificar una familia? ¿Me respeto a mí mismo? ¿Discuto por todo y ofendo cuando me enojo? ¿Soy una persona segura de mí misma? ¿Tengo un alto sentido de realización y me gusta superarme? ¿Tengo un corazón compasivo y me es fácil identificarme con las necesidades de la otra persona? ¿Reconozco mis defectos y sé manejarlos saludablemente?

No significa que seamos perfectos, nadie lo es, pero debemos comprender que lo único que tenemos para compartir es lo que tenemos, y eso significa superarnos constantemente.

Permítame hacer un recorrido que le añada inteligencia y análisis a su relación romántica.

1. AL ENAMORAMIENTO AÑADA INTELIGENCIA

No basta con estar enamorado para saber que es la persona correcta. Al enamoramiento hay que añadir inteligencia. Una decisión inteligente es: "saber elegir la mejor opción entre diferentes alternativas". Por lo tanto, al enamoramiento tenemos que añadir análisis, y esto lo otorga la observación.

> **Al enamoramiento tenemos que añadir análisis, y esto lo otorga la observación.**

La inteligencia facilita el análisis de las opciones para seleccionar la mejor alternativa. Una persona inteligente es la que es capaz de elegir la mejor opción entre las diversas posibilidades que se le presentan.

La inteligencia incluye el proceso necesario para recopilar la información, analizarla, comprenderla y utilizarla para decidir sabiamente.

Si nos hacemos las preguntas correctas y somos observadores mientras conocemos a la otra persona, añadimos inteligencia a la relación. Si no nos hacemos preguntas que permitan enriquecer nuestro criterio y no analizamos lo que estamos viviendo, podría haber consecuencias que vamos a lamentar después. Es frecuente en la consejería escuchar la frase: "Yo no le conocía realmente, porque centramos la relación en besos y abrazos". El amor piensa, razona, analiza y elige utilizando el sentido común y el discernimiento. Por eso, no apresure la relación, conozca a profundidad la persona de la que se ha enamorado. Añadir inteligencia al enamoramiento tiene beneficios:

+ Podemos tomar decisiones sabias.

+ Somos capaces de distinguir entre cualidades esenciales y simple apariencia.

+ Podemos distinguir cuándo una persona no nos conviene y tener la valentía suficiente para alejarnos.

+ Aumenta la probabilidad de estar con alguien que realmente nos ama por lo que somos.

+ Tenemos mayor posibilidad de estar en una relación saludable.

+ Tendremos un matrimonio más sólido.

+ Nos permite anticipar las cosas y no tener sorpresas inesperadas.

+ Somos personas que eligen, en vez de ser mendigos emocionales.

2. PARA QUE EL AMOR CREZCA SALUDABLEMENTE DEBEMOS:

+ **Conocernos a nosotros mismos:** Conocerse a uno mismo implica aceptar nuestras debilidades y apreciar nuestras fortalezas, lo cual nos permite tener una sólida identidad y sentido de nosotros mismos. Ello provee confianza, seguridad

y valor personal, y nos permite establecer relaciones saludables e inteligentes. Valemos por lo que somos en esencia
como personas, y no por lo que poseemos o por la apariencia. En ocasiones nos concentramos en lo externo para arre-
glar lo interno. Tener una sana autoestima no es algo que
se consigue fácilmente por ahí; es apreciar que hemos sido
creados por Dios como seres únicos y con un valor inherente

Cuando somos capaces de vernos a nosotros mismos como
personas de gran valor, tendemos a establecer relaciones
saludables, donde no competimos por el poder, ni absorbemos a la otra persona o le reclamamos por todo. Es necesario
luchar para erradicar de nosotros la inseguridad y el temor,
para establecer relaciones saludables. Por eso, invierta
tiempo en conocerse, en aceptarse tal cual es, construya un
buen concepto de usted mismo y busque ayuda para superar las situaciones emocionales que sabe debe organizar
internamente.

◆ **Comunicarnos saludablemente:** La mejor forma de hacer
crecer la relación es a través de una comunicación fundamentada en el respeto, donde nos sentimos en la libertad
de expresar lo que pensamos y sentimos. Esto proporciona
autonomía, pero a la vez, cercanía, y nos permite tener confianza. Nuestros sentimientos y pensamientos nos pertenecen, nadie puede pensar por nosotros ni adivinar lo que
estamos sintiendo. Por eso debemos desarrollar la habilidad
de comunicarnos claramente. No podemos decir: "Si me
amas, sabrías lo que estoy sintiendo". Por más que amemos,
la otra persona no puede saber lo que estamos pensando o
sintiendo. Es indispensable desarrollar la confianza necesaria para expresarnos con claridad, sin temor y con respeto.

+ **Fijar límites.** Esto nos permitirá conocernos mejor y asumir responsabilidades de manera efectiva. Los límites definen espacio, refuerzan la idea de que somos personas con identidad propia y distinta a las demás. Los límites ayudan a que la relación no sea absorbente, dependiente, y mucho menos objeto de manipulación; evitamos sentirnos frustrados, confundidos o enojados cuando la otra persona no llena nuestra expectativa porque sabemos qué esperar y qué no. No caemos en la trampa de permitirle a la otra persona que nos controle emocionalmente, porque nos sabemos responsables de nuestra felicidad. Somos personas autónomas, libres, independientes, y una relación de amor no cambia esa situación, más bien la afirma, porque toda relación debe ser para ayudar a crecer a la persona y fortalecer su ser integral. Ser responsables de nosotros mismos nos permite sentirnos seguros de ser quienes somos sin tener que fingir. Nos sentiremos en control de nuestra propia agenda y de cómo utilizar nuestro tiempo. Los límites proporcionan libertad a la persona.

> **Ser responsables de nosotros mismos nos permite sentirnos seguros de ser quienes somos sin tener que fingir.**

+ **Buscar cualidades esenciales y no solo apariencia:** Sabiendo que la amistad y el noviazgo son etapas para conocerse y la forma de añadir inteligencia a la decisión, es indispensable ver más allá de la piel, es decir, necesitamos conocer el carácter. El carácter es lo que somos cuando nadie nos observa, es lo que sale en momentos de crisis, conflictos y desacuerdos. Como ya mencionamos, nos enamoramos de un cuerpo, pero nos casamos con un carácter. Cuando decida amar, busque conocer si la otra persona tiene las cualidades esenciales de un buen carácter: autenticidad, sinceridad, fidelidad, lealtad, compromiso, compasión, generosidad, y tenga dominio de sus emociones.

+ **Conocer:** No basta sentirse enamorado para creer que encontró a la persona correcta. Es necesario invertir tiempo en conocer lo que verdaderamente le identifica, mientras trabajamos en desarrollar estas virtudes en nosotros mismos. Debemos tomar tiempo para conocer a la persona: su forma de ser, sus costumbres, valores, ambiciones, alegrías, gustos, amistades, complejos, miedos, nivel de celos, si tiene o no adicciones, trastornos emocionales, su proyecto de vida y todo aquello que le identifica en esencia.

+ **Observar:** Examinemos patrones de conducta. Para esto, debemos observar con detenimiento el fruto de las relaciones anteriores, cómo es en el trabajo, cómo maneja sus finanzas, y cómo trata a su mamá y a sus hermanas. Es entonces cuando podemos tener un panorama más claro para decidir con inteligencia en el amor. Hoy usted es objeto de conquista, mañana será parte del círculo íntimo, por eso es importante observar con objetividad. Lo que usted ve hoy es lo que recibirá mañana aumentado. Por eso, es indispensable comprender que este es el tiempo para conocernos a profundidad.

+ **Conocer a su familia:** Debemos conocer a la familia. Escuché un dicho que me pareció interesante: "Observe sobre el hombro", es decir, quién está detrás de ella o de él. Porque cuando nos casamos, lo hacemos con una persona, pero también con una familia. Es esencial conocer el entorno familiar: costumbres, dinámica, expectativas acerca del rol de esposos, manejo de finanzas, crianza de hijos, responsabilidades domésticas, formas de solucionar conflictos, etc. Porque podría ser el modelo de familia que la otra persona desee, y al mismo tiempo, conoceremos temas por superar.

> ## Cuando nos casamos, lo hacemos con una persona, pero también con una familia.

+ **Conocer a los amigos,** porque ellos brindan una ventana para conocer el carácter de la otra persona.

+ **Preguntarse:** ¿Me agradan los ambientes que le gusta frecuentar?

+ **Reflexionar:** ¿Me siento orgulloso de presentarle como mi novia (o)? ¿Hay algún aspecto de su vida o de su personalidad que me es difícil tolerar?

+ **Analizar:** ¿Puede él o ella ponernos en primer lugar? ¿Conozco sus prioridades? ¿En qué invierte su tiempo? ¿Qué le agrada hacer? ¿Logramos ser buenos amigos? ¿Resolvemos nuestras diferencias sin herirnos?

+ **Buscar consejo de familiares, amigos y profesionales.** Es indispensable que antes de asumir un compromiso o una relación romántica bajo la figura del noviazgo, busquemos el consejo de quienes nos aman, porque ellos observan lo que nosotros idealizamos y tienen un análisis más objetivo de lo que podría ocurrir. En la multitud de consejeros, hay sabiduría. Aprendamos de sus experiencias, escuchemos con humildad, y tengamos un espíritu educable. Sabio es aquel que escucha con un corazón abierto.

3. SEAMOS AMIGOS UN BUEN TIEMPO

No nos apresuremos. Tomemos el tiempo suficiente para conocernos, y así convertirnos en los mejores amigos. Una de las razones principales por las cuales se divorcian los matrimonios no es por infidelidad o por un mal manejo del dinero; más bien lo hacen porque la decisión de casarse la tomaron demasiado rápido.

No se puede conocer a una persona en un período de tiempo muy corto; se necesita tiempo para establecer un vínculo saludable. La primera etapa del amor es emoción pura, enamoramiento desbordante, lo cual no nos permite pensar con claridad; no vemos defectos, solo a la persona que hemos idealizado. Se requiere tiempo para conocer intenciones, carácter y forma de ser. No apresure la relación romántica, sean amigos por un buen tiempo, haga que la emoción del enamoramiento les conduzca a conversaciones sinceras, a diálogos emocionantes, y a un conocimiento mutuo que les permita valorarse el uno al otro.

4. CONSECUENCIAS DE NO ANALIZAR LA RELACIÓN

Podríamos experimentar una gran desilusión cuando un día despertemos y descubramos que nuestro cónyuge (o aun nosotros) tenía áreas de carácter que debía superar antes de contraer matrimonio, o que apresuramos el tiempo cuando teníamos que llevar un proceso más lento.

Podríamos darnos cuenta de que gastamos tiempo, energía y recursos en una relación sin futuro.

Pero, sobre todo, viviríamos frustrados por haber tomado una mala decisión al haber ignorado esa voz interna de advertencia o de alarma. Por eso, escuche el consejo de sus padres y amigos, busque la asesoría de un profesional que les acompañe en el proceso del noviazgo, y pongan un buen fundamento en la relación.

5. ¿CÓMO ES UNA RELACIÓN SALUDABLE?

Si queremos saber si la persona con la cual estamos saliendo es la que más nos conviene para esposo o esposa, conozcamos las características de una relación saludable.

Una relación ha alcanzado la madurez necesaria cuando se convierten en buenos amigos, disfrutan estar juntos, la comunicación es fácil, franca y natural. Existe un sentimiento mutuo. Tienen ideales en común y conceptos de familia parecidos. Sus mundos tienen relación y les ilusiona compartir sus metas y proyectos. Ambos son fieles a los valores que profesan. Cuando tienen conflictos, son capaces de superarlos sin herirse. Se divierten y la pasan bien juntos. Cuando están juntos, se saben personas libres y se sienten respetados. Su familia y sus mejores amigos están sinceramente emocionados con esta relación. La atracción es mutua y sienten que la relación tiene futuro. Viven una relación estable en la cual se sienten seguros y hablan de planes futuros.

CÓMO NOS PREPARAMOS PARA EL MATRIMONIO

El amor conduce al compromiso, y esto significa superar el miedo a contraer matrimonio. Pero cuando llega el momento, muchos solo se preparan para la boda: encontrar el traje ideal, buscar el lugar perfecto para la ceremonia, escoger el mejor menú para la recepción, decidir la lista de invitados, quién tomará las fotos, y un largo etcétera. Y, en un sinfín de ocasiones, lo que menos se pregunta la pareja es lo más importante: ¿estamos preparados para vivir juntos bajo la figura del matrimonio?

El matrimonio es el encuentro de dos personas que, habiendo alcanzado la madurez, han decidido compartir sus vidas para construir una nueva familia. Para esto, ambos deben haber alcanzado cierta madurez, sabiduría y experiencia, las necesarias para tomar sus propias decisiones y estar dispuestos a compartir su proyecto de vida con el otro. Es tiempo de aprender sobre las normas de la sana convivencia, porque una cosa es vernos eventualmente y otra es convivir con la persona que decimos amar.

Ser novios y encontrarnos ocasionalmente nos permite desear estar juntos, tener muchos temas de los cuales hablar y querer darnos un tiempo especial, pero sobre todo, nos impone el privilegio de conquistar a quien amamos. La actitud de conquista nos motiva a convertirnos en las personas más agradables que podemos ser, comportarnos de la mejor forma posible y ser alguien con quien la otra persona quiere estar. No obstante, el matrimonio supone otra realidad: "ya nos tenemos", ahora convivimos todos los días y todo el día. Esto hace que descuidemos los detalles que antes nos caracterizaban como: la gentileza, el espíritu de servicio, y el arreglo personal, entre otros.

Así como la distancia nos llevó a idealizarnos, la convivencia diaria evidencia todo, absolutamente todo; tanto la verdadera realidad de aquellas cualidades que admirábamos, como aquello que, quizá, ignorábamos: hábitos, miedos y, en especial, asuntos de temperamento, y ese carácter que nos identifica. Pero a eso tenemos que añadir que ella y él tienen una alta expectativa de cómo debe comportarse un caballero y cómo debe dirigirse una esposa, y ¡sorpresa!, ambos se están casando con alguien que tiene una formación diferente, ve la vida desde otra óptica y no necesariamente tiene las mismas costumbres. Dicho panorama nos lleva a la necesidad de anticipar todo lo que podamos para que surja un proyecto familiar saludable.

> **La convivencia diaria evidencia todo, absolutamente todo; tanto la verdadera realidad de aquellas cualidades que admirábamos, como aquello que, quizá, ignorábamos.**

Requerimos tiempo suficiente para compartir, interactuar con las respectivas familias y amigos, y lograr conocernos mutuamente. Entre más logremos conocernos, más disfrutaremos el viaje del matrimonio.

Para lograr ese conocimiento mutuo, debemos invertir tiempo en ser lo más observadores posibles, hacer preguntas inteligentes y buscar la asesoría necesaria para conocer lo que significa vivir juntos en el matrimonio.

1. EL CONOCIMIENTO PERSONAL

A ese conocimiento de la persona con quien deseamos compartir nuestras vidas debe precederle uno más básico, y es el conocimiento profundo de nosotros mismos. De hecho, la mejor forma de prepararnos para el matrimonio es teniendo un claro panorama de quiénes somos, principalmente para trabajar en lo que debemos superar: celos amargos, temores, inseguridades, traumas y reacciones emocionales dañinas.

> **La capacidad que tenemos de relacionarnos con los demás está determinada por la habilidad que hemos desarrollado de relacionarnos saludablemente con nuestro propio ser.**

Cada uno de nosotros, como personas, tenemos una dignidad intrínseca. La primera persona que debe reconocer su valor como ser humano es usted mismo. Cada individuo necesita verse con valía, donde se otorga para sí, aceptación, respeto y admiración. Si nos vemos a nosotros mismos como personas con dignidad, exigiremos que se nos trate de la misma forma. Nuestro valor como personas no es algo que alguien más nos otorga, es algo que nosotros mismos nos damos.

La capacidad que tenemos de relacionarnos con los demás está determinada por la habilidad que hemos desarrollado de relacionarnos saludablemente con nuestro propio ser. Debemos convertirnos en alguien con quien sea agradable vivir y, para ello, debemos aprender a vivir en paz con nosotros mismos. Habiendo logrado este nivel de madurez, será más fácil convivir con los demás. Esta es la principal conquista que debemos tener antes de pensar en casarnos.

2. ¿QUÉ NO ES EL MATRIMONIO?

Muchas personas llevan al matrimonio ideas preconcebidas sobre lo que se trata la aventura que iniciarán al lado de su pareja. Algunas van bien enfocadas, otras, no tanto.

Para empezar, el matrimonio no es una fórmula mágica para ser feliz, es más, el matrimonio no hace feliz a nadie: *la felicidad es una conquista personal*, porque, como dice la expresión popular, "al matrimonio llevo lo que tengo".

Tampoco es la manera de llenar vacíos emocionales, ni una forma para huir de la casa de los padres, o de los conflictos no resueltos. Esto debemos trabajarlo personalmente antes de casarnos. No es justo, sensato, ni realista depositar la responsabilidad de nuestra felicidad en otra persona.

> **Las personas estamos completas cuando nos percibimos correctamente a nosotras mismas.**

Es importante comprender qué es lo que estamos buscando al casarnos. Estamos pretendiendo compartir nuestra vida con alguien a quien amamos, con quien tenemos la intención de construir un hogar. Es un proyecto compartido donde nos complementamos. Sin embargo, es alguien que no nos puede completar, pues lograr estabilidad emocional es algo que nadie nos otorga; tenemos que alcanzarla nosotros mismos. Las personas estamos completas cuando nos percibimos correctamente a nosotras mismas. Es decir, nos aceptamos, asumimos la responsabilidad de nuestra propia felicidad y crecimiento personal, conducimos saludablemente nuestras emociones, somos responsables y tratamos a los demás con gentileza y amabilidad.

Por otro lado, el matrimonio es un proyecto de largo plazo. No podemos llegar ahí con la idea de que será algo temporal, porque en el primer conflicto vamos a terminar la relación. El matrimonio es un compromiso con nosotros y con el otro.

Mucho menos se trata de un mero formalismo social que hay que cumplir, solo porque sí. Este acto formal es una celebración pública de un compromiso que hemos adquirido con nosotros mismos y con nuestro cónyuge en lo secreto.

Asimismo, el matrimonio no es el fin básico de la vida, es una parte del todo. Todos desarrollamos diversos roles, y el de esposa o esposo (y eventualmente, si fuera el caso, el de madre y padre), es uno de ellos.

Y si vamos más allá, el matrimonio no es una relación que se fundamenta en la "promesa de cambio". "Cuando nos casemos, cambiaré este carácter, estas costumbres, dejaré de ir a esos lugares, abandonaré esas malas amistades". Nadie debería casarse bajo esos términos. Las personas no cambian cuando se casan. El matrimonio lo que hace es acentuar lo que ya somos. Por eso, es indispensable conocer realmente con quién nos estamos casando.

> **El matrimonio no es una relación que se fundamenta en la "promesa de cambio".**

3. RELACIÓN DE AMISTAD Y DE NOVIAZGO

La base de la relación en el matrimonio es la amistad. Si no somos amigos de nuestra pareja, difícilmente podemos labrar un proyecto de vida juntos.

Lo primero que debemos hacer antes que dejarnos ir por el atractivo físico o una primera impresión favorable que nos impactó, es forjar un lazo de amistad, una verdadera amistad que resista obstáculos y sepa reinventarse luego de atravesarlos.

Solo después de cerciorarnos de que tenemos una base sólida construida sobre ese cimiento, estamos listos para hacernos las preguntas cruciales: ¿Me gustaría construir una familia con él o ella? ¿Me veo a su lado el resto de mis días? ¿Ambos hemos alcanzado la madurez necesaria para iniciar una relación matrimonial?

Durante el período de amistad y, principalmente, de noviazgo, ambos debemos ser lo más auténticos que podamos para que el conocimiento mutuo nos guíe a la conclusión correcta.

La base de la relación en el matrimonio es la amistad.

La base del noviazgo es la amistad y ambos deben compartir ciertas características fundamentales que conducen a una relación saludable. Algunas de esas características son:

+ Respeto.

+ Admiración. "Me siento muy bien al presentarlo a los demás".

+ Nos sentimos libres de ser nosotros mismos cuando estamos juntos.

+ Conversamos temas interesantes para ambos.

+ Estamos de acuerdo en lo que creemos.

+ Tenemos una concepción de la vida que armoniza.

+ Es una relación estable y saludable.

+ Podemos reír el uno con el otro y nos divertimos al estar juntos.

4. PERFIL DE LA PAREJA

Elaborar una lista de características que me guíen a la hora de elegir, añade inteligencia a la decisión y puede servir como una guía al decidir con quién casarnos.

Debemos aclarar que la persona perfecta no existe, pero sí aquella con la que es agradable convivir, la que ha alcanzado equilibrio emocional, es alegre, resuelve sus conflictos de forma asertiva, y se relaciona saludablemente. También, no está demás añadir que nosotros, como ya dijimos, somos responsables de nosotros mismos, de nuestras vidas, de quienes somos, lo que hacemos y lo que sentimos. De modo que lo equilibrado sería que estas cualidades que mencionaremos no solo sean deseadas en el otro, sino que sean perseguidas por cada uno de nosotros en particular.

La siguiente lista la elaboró una joven de 18 años, y ha indicado que por mucho tiempo esta fue su guía a la hora de decidir con quién casarse.

+ Que tenga valores familiares fuertes, tales como respeto y fidelidad, y que valore el matrimonio como una relación para toda la vida.

* Carácter dulce, suave, tierno, cariñoso, amoroso, pero seguro y firme en sus convicciones.

* Emocionalmente estable.

* Centrado en su comportamiento y en su forma de pensar y hablar, pero a ratos espontáneo.

* Paciente, que no se irrite fácilmente.

* Maduro, tolerante.

* Comprensivo, sensible.

* Sincero y honesto, que sea recto en su proceder.

* Bueno, y que siempre busque hacer lo correcto.

* No rencoroso, piadoso, compasivo.

* Alegre, dinámico.

* No envidioso ni jactancioso.

* No celoso ni egoísta.

* Atento, amable, cortés.

* Que sea pacificador, de buen temple.

* Humilde, que no sea orgulloso, y sin prejuicios sociales.

* Dadivoso con las personas, generoso, cooperador.

* Sociable, que le guste la gente y el trato con ella.

* Simple, sencillo, no complicado, pero a la vez, amplio en su manera de pensar y de ver las cosas. Que disfrute de todas sus experiencias.

* Un visionario con deseos de superarse, perseverante, emprendedor, con iniciativa propia y confianza en sí mismo. Que se instruya lo suficiente y aspire a cosas grandes. Que

busque que sus conocimientos sean ricos y amplios en toda área.

+ Disciplinado y trabajador.

+ Sabio y que me enseñe con su conocimiento.

+ Que me ayude a crecer como persona.

+ Con un desarrollo educacional y familiar similar al mío.

+ Que su familia sea abierta y cálida.

+ Que pueda llegar a ser un gran padre.

+ Vocabulario rico.

+ Aseado, cuidadoso de su cuerpo y arreglo personal.

+ Temeroso de Dios, con buena formación espiritual y moral.

Atrevámonos a elaborar nuestra propia lista. Esta nos permitirá tener un mejor criterio y un panorama más claro, porque el éxito en el matrimonio no es cuestión de suerte. No significa que debemos buscar perfección, porque todos tenemos áreas por superar, pero sí una persona que ha alcanzado la madurez suficiente, capaz de construir un hogar en el que sea agradable vivir, y con la cual podamos ser compatibles en las cosas esenciales.

5. ¿CUÁNDO NO CASARSE?

A partir de una lista como la antes descrita, puede elaborar la lista de las personas con las que nunca se casaría. Por ejemplo: no debe casarse con alguien que es infiel, lleno de ira, violento, adicto a la pornografía, irresponsable, alcohólico, contrario a los principios cristianos que usted profesa, etc. Lo importante es tener claro el panorama para conducir nuestras emociones.

Si tienen diferencias irreconciliables no se casen. Si sus proyectos de vida son muy diferentes es mejor no avanzar hacia el matrimonio. Si el concepto de familia es diametralmente opuesto, no se casen. Si la otra persona tiene una adicción o tiene problemas serios de personalidad, no se case. Si sus familiares y amigos le dicen que no le conviene, mejor no se case.

Esta decisión es muy difícil de tomar, porque ya existe una relación que ha crecido con el tiempo. Pero es mejor ser firme en este momento que tener que lamentarlo el resto de la vida.

6. ASESORÍA PREVIA

Recibir el consejo de alguien que nos guíe es fundamental, porque nos ayuda a analizar y a tener un razonamiento claro ante las interrogantes importantes como: ¿Qué significa casarse? ¿Qué debemos superar antes de casarnos? ¿Qué debo conocer en mi pareja antes del matrimonio? ¿Debemos diseñar juntos nuestro nuevo proyecto de vida?

Es en la asesoría previa donde nos ayudan con preguntas importantes para construir un buen proyecto de vida matrimonial y saber si estamos listos para asumir el desafío. Por eso, es importante escuchar el consejo de quienes nos aman.

Pregúntese: "¿Mi familia y mis mejores amigos creen que es una buena decisión casarnos en este momento?". Esa es una pregunta válida y útil. Muchas veces es bueno enriquecer nuestro criterio con el consejo de la familia y el de nuestros mejores amigos. No tengamos miedo de preguntar: el consejo enriquece nuestra decisión. Ellos pueden observar lo que debe superarse antes de la boda, nos pueden enriquecer con su propia experiencia y, sobre todo, ellos deben alegrarse con nuestra relación. Lo ideal es buscar personas sabias que nos orienten, para decidir con sabiduría y tomar la mejor decisión. Lo importante es que nos demos la oportunidad de enriquecer nuestro propio criterio.

Le sugiero algunos elementos que les pueden guiar:

+ Busquen un consejero que les guíe en el proceso hacia el matrimonio. Les permitirá comprender lo sustancial de la nueva vida y les ayudará a superar elementos esenciales.

+ Pasen tiempo con dos matrimonios que respeten y admiren, para aprender de ellos.

+ Consulten médicos especialistas para definir el método de planificación y realizar los chequeos básicos de salud.

+ Trabajen su crecimiento personal, su salud mental y emocional, con la meta de superar los asuntos no resueltos del pasado, antes de iniciar un proyecto de vida compartido bajo la figura del matrimonio.

+ Lean buena literatura sobre el matrimonio.

Esto les guiará a poner un buen fundamento antes de casarse.

7. PROYECTO DE VIDA

No se puede iniciar ninguna empresa sin saber antes qué se quiere de ella y cómo lograrlo. Lo mismo sucede con el matrimonio. De ahí, la importancia de construir un mapa a seguir, con acuerdos definidos y claros. Cuando decidimos contraer matrimonio, debemos definir la ruta, una que es consciente y flexible a los cambios, ajustes y desafíos a enfrentar, pero que no deja nada a la suerte.

El matrimonio no se puede improvisar; es algo que debe construirse paso a paso. Nadie se atreve a edificar una casa si antes no se sienta con un experto para compartirle cómo la desea. El experto pone su conocimiento para definir la casa y luego se construye paso a paso: primero los cimientos y después la estructura. Esto permite que la casa tenga lo necesario para que dure en el tiempo. Así es el matrimonio; debemos invertir en construir el modelo de familia que deseamos. Si no lo hacemos, el riesgo es muy grande y las consecuencias, graves.

> **Debemos invertir en construir el modelo de familia que deseamos. Si no lo hacemos, el riesgo es muy grande y las consecuencias, graves.**

ALGUNOS TEMAS IMPORTANTES QUE DEBEMOS ABORDAR SON:

+ Definir el modelo de familia que queremos construir. Como somos dos los que vamos a lo mismo, existen dos maneras y dos concepciones de familia que traemos al nuevo hogar. De ambas cosmovisiones, formamos un híbrido. Ambos venimos de contextos diferentes y, ahora, debemos construir una que integre el ideal que tenemos de ella. Pero, además, debemos decidir lo que no queremos llevar a nuestro matrimonio: aquello que no compartimos o no nos agradó experimentar en nuestras familias de origen, costumbres o hábitos que sabemos que no nos aportan beneficios: maltrato físico o verbal, manipulación, falta de valor hacia el otro o bien el irrespeto. La meta es tener claridad sobre lo que deseamos vivir en el matrimonio y qué no queremos repetir.

+ Definir roles, donde se sepan compartir responsabilidades. El proyecto del matrimonio no es tuyo o mío, es de ambos. Por eso, es necesario conversar sobre quién es mejor o sabe hacer ciertas cosas, y cuál de los dos tiene más tiempo para hacerlas. Así como aprender a hacer aquellas cosas que no sabíamos, pero debemos colaborar con ellas. Un contexto donde nos ayudamos mutuamente y nos sentimos dignos al hacerlo.

✦ Crianza de hijos, cuántos queremos y cuándo pedirlos. Quién se queda con ellos y en qué momento. Quién hace qué en los asuntos cotidianos. Formación académica y espiritual. Ame a sus hijos desde el momento en que los planifica. Si no queremos tenerlos, es válido, como también lo es cambiar de opinión en el camino, pero ambos debemos estar de acuerdo y la decisión la tomamos juntos.

No suponga lo que el otro cree, pregunte.

✦ Elaboren un presupuesto que incluya el ingreso de los dos.

✦ Busquen el consejo de expertos para que les acompañen en el proceso previo al matrimonio y durante el matrimonio. Esto les ayudará a crecer y a superar los obstáculos del camino.

8. PLANIFICACIÓN DE LA BODA Y LA LUNA DE MIEL

El matrimonio es para vivirse a plenitud, y uno de esos momentos claves es la boda. Por esta razón, no debe tomarse a la ligera, ni debe ser un simple trámite. Debe ponerse alma y corazón en ese acto simbólico en el que le decimos al mundo que decidimos compartir nuestras vidas.

Planifiquen cada detalle de la boda y la luna de miel. Esto les ayudará a bajar la tensión, distribuir las responsabilidades, sumar amigos en la misión, y a construir recuerdos agradables. La creatividad, los detalles y las ganas que imprimamos en ello es lo que nos hará vivir momentos que recordaremos para siempre.

No pidan crédito para la boda o la luna de miel. Hagan lo mejor que puedan con lo que han ahorrado; les permitirá entrar al matrimonio con salud financiera y paz. No añadan tensión a la relación.

Suele suceder que uno de los dos (la regla suele ser ella) es quien lleva la batuta en la realización de los preparativos. Pero lo más importante es que ambos puedan poner su granito de arena y participen activamente, ya sea con ideas o recursos, porque la boda es de los dos, y no solo de uno. Si me estoy casando, debo participar activamente en la planificación de la boda y disfrutar cada momento a plenitud. Esto significa ser muy tolerante, respetuoso y tener un diálogo saludable.

Herramientas hay muchas, y debemos tomarlas en cuenta para no recargarnos con todo el peso. Por eso es bueno buscar una buena guía que nos permita anticipar todo lo necesario. Internet está lleno de buenas ideas, también podemos recurrir a aquellos amigos que ya vivieron la experiencia. Hay expertos en bodas, pero si no existen los medios para contratar uno, podemos constituir un pequeño equipo de amigos que nos ayuden a planificar y a ejecutar. Es un momento para disfrutar y hay que estar lo más relajados que se pueda.

Así, pues, detalles como fecha y lugar de la boda, presupuesto disponible, lista de invitados, traje y vestido, aspectos de la recepción (menú, música, sonido y decoración), fotógrafo y sesión de fotografía, maestro de ceremonias, entre otros detalles, requiere trabajo, pero nada que una buena planificación no pueda resolver.

Asimismo sucede con la luna de miel. Ella debe despertar ilusión y, para ello, debe anticiparse todo lo que se pueda: lugar, reservaciones, presupuesto, cronograma para medir los tiempos, medio de transporte, etcétera.

Tanto la boda, como la luna de miel, como el matrimonio en sí mismo, son para vivirse y disfrutarse. No escuchemos comentarios negativos, tomemos tiempo para conversar con personas que enriquezcan el proceso y escuchemos a quienes lo han disfrutado y lo han hecho bien.

Después de muchos años de estar casado con Helen, puedo decir que es una de las experiencias más gratificantes que la vida me ha dado. Hoy somos abuelos, y para llegar a vivir este momento maravilloso, hemos recorrido el camino con la ayuda de Dios y poniendo lo mejor de cada uno de nosotros.

¡Es maravilloso amar!

TERCERA PARTE

EL AMOR NO ES MÁGICO

Muchas personas llevan al matrimonio ideas preconcebidas sobre lo que implica edificar una familia al lado de su cónyuge. Algunas van bien enfocadas, y otras no, por lo tanto experimentarán frustración y se sentirán decepcionadas.

No podemos ver el matrimonio como una manera de llenar vacíos emocionales, o superar conflictos no resueltos. El matrimonio no salva a nadie de las crisis emocionales que enfrenta y no rescata a nadie de su sufrimiento. El matrimonio no es para llenar vacíos que yo mismo no he sido capaz de llenar.

> **El matrimonio no es para llenar vacíos que yo mismo no he sido capaz de llenar.**

El amor no es mágico, y la felicidad no es algo que alguien me otorga. Puede que haya crecido creyendo que alguien tiene algo mágico que le hace falta, o bien que alguien vendrá y le rescatará de la soledad o el aislamiento emocional en el que ha vivido por años. Pero esto no es justo ni sensato; no es realista depositar la responsabilidad de mi felicidad sobre los hombros de otra persona.

Todos tenemos que lidiar con las heridas de la niñez y la adolescencia. En esta realidad, muchos crecimos con dolores no resueltos que de vez en cuando afloran en toda relación, y principalmente en el matrimonio. Muchas de estas heridas que no han encontrado sanidad, siguen abiertas y de vez en cuando reaccionamos culpando a nuestro cónyuge, y lo utilizamos como un pretexto para explotar, llorar, gritar o agredir, sin darnos cuenta que el matrimonio lo único que está haciendo, es ayudarnos a exponer lo que hemos arrastrado por años y que solo nosotros podemos superar.

Estudios revelan que la mayoría de los problemas en el matrimonio no son provocados por lo que las parejas viven, sino por las situaciones no resueltas del pasado. Estas heridas de la niñez son cargas invisibles que se manifiestan en el matrimonio. Tenemos que aprender a distinguirlas para no lastimar a quien decimos amar.

El matrimonio no sana a nadie de sus traumas, temores, y su falta de realización. Nuestro compañero de vida no tiene que terminar de criarnos, o ser nuestro consejero. Es nuestro cónyuge y no tiene por qué sufrir nuestras reacciones emocionales que lastiman. No tiene por qué comprender por qué lloro sin que nadie me haga algún daño, por qué me enojo sin que nadie me ofenda, por qué peleo sin que nadie me provoque. No es justo que nuestro cónyuge tenga que soportar nuestros reclamos constantes, nuestros enojos injustificados o nuestras lágrimas interminables.

Si llego al matrimonio con insatisfacciones emocionales y falta de madurez podría provocar problemas serios en la relación:

+ **Dependencia excesiva.** Lo que puede conducir a experimentar celos y una relación enfermiza que ahoga la relación.

+ **Lucha por el poder.** En lugar de tener una relación de concesiones mutuas y de respeto, pasaremos todo el tiempo peleando y discutiendo por cosas insignificantes.

+ **Celos enfermizos.** Lo que podría conducir a tratar de controlar todo lo que hace la otra persona; su celular, su correo, sus llamadas, su agenda, etc., olvidando que el matrimonio se construye a partir de la confianza y la buena comunicación.

+ **Dependencia de los padres.** Son personas que no pueden hacer nada sin que lo autoricen los padres, o bien, los padres intervienen en todo lo que la pareja hace. Deciden las vacaciones, el auto que compran, cómo deben educar a los hijos, en qué escuela deben estudiar los niños, etc. Esto que en algún momento podría producir cierta seguridad, con el tiempo se podría convertir en una relación enfermiza que lastima la relación de la nueva familia. Por esta razón, el primer mandamiento que Dios pone a la familia es: *"Por eso el hombre deja a su padre y a su madre, y se une a su mujer, y los dos se funden en un solo ser"* (Génesis 2:24, NVI).

+ **Inseguridades.** Si no superamos nuestras inseguridades vamos a depender de la otra persona para todo. La persona no se siente en la libertad de tomar decisiones por ella misma, reclama a la otra persona que no le ayuda y se torna una relación paternal, y no el encuentro entre dos adultos que se han casado. Una persona dependiente en exceso desgasta la relación. En todo matrimonio hay problemas, pero estos se ven incrementados cuando uno de los cónyuges no es capaz de valerse por sí mismo en su realización personal. Todos necesitamos saber que podemos valernos por nosotros mismos.

Le doy algunas recomendaciones para establecer una relación saludable con su cónyuge:

1. SANE LAS HERIDAS DE SU CORAZÓN

Es imposible amar sin dejarse amar, es imposible amar si estoy herido, es imposible amar si espero que alguien llene los vacíos emocionales que yo no he podido llenar.

Muchas personas crecieron en hogares donde reinaba el miedo producto de los gritos, el maltrato, la agresión y el abandono. Aunque queremos ignorar que esto sucedió y ahora en la edad adulta procuramos vivir vidas normales, es lógico que surjan los temores y reacciones propias de una infancia llena de abuso. Estas heridas están ahí y deben tratarse, debe llevarse el proceso necesario hasta que aprendamos a no proyectar en el cónyuge la agresión que vivimos en la infancia, o el abuso que nos lastimó.

Estas heridas son reales y tienen que trabajarse, no se borran porque tratemos de ignorarlas, debemos procesarlas hasta que dejen de afectar nuestras relaciones en la actualidad. Comencemos a trabajar con nuestras heridas de la infancia y dejemos de esperar que nuestro cónyuge sane los traumas del pasado.

Mi cónyuge necesita comprender lo que vivo para darme su afecto y respaldo, pero no puede ayudarme a superar lo que yo debo tratar con un profesional. Superar mis traumas emocionales es mi responsabilidad, no la de mi cónyuge.

2. BUSQUE REALIZACIÓN PERSONAL

Una persona que no ha alcanzado la madurez emocional necesaria para verse a sí misma como alguien plena, completa y feliz, sufrirá mucho en el matrimonio, porque va a esperar que su cónyuge llene las necesidades emocionales que ella no fue capaz de llenar.

Hemos crecido leyendo y creyendo historias de amor que alimentan los sueños de que el amor rescata del sufrimiento, y nos salva de la prisión emocional en la que vivimos. Esto es simplemente una expresión de nuestros propios miedos; miedo a crecer, a ser responsables, independientes, realizados y plenos. Sin embargo, es el intento personal de vencer estos miedos lo que nos permite afianzar nuestra propia identidad y encontrar la plenitud que Dios otorga cuando llena cada vacío de nuestra existencia.

El amor crece y complementa, a partir de verme como una persona realizada, plena, llena y feliz. Esto es lo que me potencia a buscar a una persona con las mismas características y así compartir un proyecto de vida donde no dependamos el uno del otro, sino que nos complementemos.

Toda persona debe ser capaz de tener confianza y seguridad en sí misma, conocer sus fortalezas, aplicar su inteligencia a su desarrollo personal, tener metas y cumplirlas, ser feliz, y velar por ella misma emocional, espiritual y económicamente.

3. ENCUENTRE SU PLENITUD EN DIOS

Lo mejor que yo puedo hacer es encontrarme conmigo mismo, aceptarme tal cual soy, encontrar la paz espiritual entregando mi vida a Dios, perdonar a los que me hirieron en el pasado, perdonarme por mis propios errores y realizarme como persona. Eso es lo que me permite aportar positivamente a mi propia existencia y me potencia a amar a los demás. Es lo que nos faculta para tener relaciones interpersonales saludables.

El rumbo de nuestra vida cambia, no cuando aparece alguien en ella, sino cuando permitimos que Dios nos transforme a su imagen, sane nuestras heridas del pasado y nos permita vivir la plenitud que solo Él sabe otorgar. El amor es Dios en el corazón, porque es quien lo sana, perdona, y nos potencia para dar lo mejor que tenemos a los demás.

Si no aprendemos a superar nuestras crisis personales podríamos lastimar la relación con reclamos, exigencias y maltrato. Por esta razón, debemos buscar que Dios, que lo llena todo, lo haga con nosotros y nos permita vivir en la plenitud que nos otorga ser sus hijos:

"El fruto del Espíritu es amor, alegría, paz, paciencia, amabilidad, bondad, fidelidad, humildad y dominio propio".
(Gálatas 5:22-23)

Esta debería ser la descripción de nuestro carácter, de nuestra forma de ser, la fragancia que identifique nuestra vida y todo lo que hacemos.

La felicidad es una conquista personal y un proceso de toda la vida. Por eso, al matrimonio llevamos lo mejor que tenemos, aportamos para edificar a la familia que amamos, y esto requiere que alcancemos la madurez necesaria para ceder, compartir, cooperar y servirnos mutuamente.

La otra persona puede dar lo mejor que tiene, pero me toca a mí decidir si quiero ser feliz o no.

Al matrimonio voy a dar lo mejor de mí para contribuir a la felicidad de la otra persona, pero no voy a exigir que la otra persona me haga feliz, porque no tiene ese poder. La otra persona puede dar lo mejor que tiene, pero me toca a mí decidir si quiero ser feliz o no.

4. BUSQUEN COMPLEMENTARSE Y NO DEPENDER

La persona con la que nos estamos casando no es alguien que nos completa, sino alguien que nos complementa; no es una persona perfecta y mucho menos un terapeuta profesional.

Formar una familia debe ser uno de los sueños más importantes en todos, una meta por vivir, pero esto no atenta contra la realización personal, la plenitud, el desarrollo intelectual y profesional. Más bien, alimenta la posibilidad de construir un matrimonio sólido y bien fundamentado, porque somos dos personas realizadas, alegres y plenas, que se encuentran para complementarse, y no para depender, donde no hay lucha por el poder, ni exigimos que nuestro cónyuge supla todas nuestras carencias emocionales.

Si primero no logro una buena salud emocional, traeré sufrimiento a mi familia. Tengo que aprender a vencer el egoísmo, el rencor, la avaricia y, más bien, crecer en tolerancia, comprensión, consideración y perdón.

El matrimonio nos complementa porque es el encuentro de dos adultos que se saben responsables de su realización personal y comparten voluntariamente lo mejor de sí con la otra persona. No debe ser una relación que absorbe, anula, cela, controla o manipula. El amor en el matrimonio, como en el noviazgo, impulsa, potencia, y facilita el crecimiento de ambos, pero no puede proveer lo que cada uno debe lograr como persona.

Por esta razón, todos debemos tener una correcta interpretación de la vida, y para lograrlo, debemos comprometernos a:

+ Descubrir nuestro potencial y desarrollarlo.

+ Enfrentar la vida por nosotros mismos.

+ Trabajar nuestros miedos y complejos.

+ Superarnos intelectualmente.

+ Realizarnos profesionalmente.

+ Resolver los traumas del pasado.

+ Tener sueños que nos proyecten en el tiempo.

+ Estudiar una carrera profesional o técnica.

+ Vivir económicamente dentro del presupuesto que tenemos.

+ Perdonar a quienes nos abandonaron, agredieron o abusaron.

+ Poner nuestra confianza en Dios.

+ Desarrollar relaciones interpersonales saludables con amigos, familiares y compañeros de trabajo.

+ Convertirnos en personas con las que sea fácil vivir.

+ Alcanzar realización personal.

+ Ser una persona feliz y plena.

Cuando hemos alcanzado este nivel de madurez, nos será fácil entregarnos a los demás para amarlos y es en este escenario donde la felicidad se vive a plenitud.

CONQUISTAR EL AMOR

Cuando nos enamoramos y damos los primeros pasos, son las emociones las que sostienen esos inicios de la relación. Las emociones son muy intensas, llegamos a creer que no podemos vivir sin la otra persona, ella nos roba el sueño y cada suspiro, estamos pendientes de cualquier necesidad que tenga, la llenamos de detalles, mensajes y llamadas, y buscamos cualquier oportunidad para estar con ella. En otras palabras, estamos enamorados. Esto es maravilloso, porque estar enamorado es una de las emociones más bellas que pueden existir. La razón es sencilla: nacimos para amar y ser amados.

Cuando nos hemos enamorado, tenemos el sueño de que la relación avance hacia algo más profundo y esto nos lleva al matrimonio. Deseamos que todo sea perfecto, tal y como lo hemos imaginado toda la vida. Pero lo perfecto no existe, lo ideal baja al plano de lo real y la convivencia en el matrimonio revela imperfecciones de carácter, costumbres, hábitos y reacciones emocionales.

A esto se suma que el espíritu de conquista termina. Con el paso del tiempo, la emoción del enamoramiento va perdiendo su efecto debido a que ahora nos tenemos, convivimos, estamos juntos todos los días y, con ello, vienen las responsabilidades, las tareas de la casa, el cansancio y el estrés, lo que irremediablemente nos podría convertir en personas irritables si no estamos listos para afrontarlo. De repente, sentimos que el otro ya no nos comprende, ya no nos atiende, no tiene detalles como los tenía antes y, poco a poco, la magia de la atracción va perdiendo su efecto. A esta altura ya no le parecemos tan atractivo como antes.

Además, la fuerza de la costumbre nos lleva a desvalorizar lo que somos y sentimos. El reclamo y la crítica comienzan a dominar el ambiente, y esto suplanta y deja atrás a la palabra dulce, la amabilidad y el romanticismo que iban de la mano con darle un lugar de privilegio al otro.

Por ello, el amor debe alimentarse y cuidarse como a un bello jardín, para que la mala hierba no lo ahogue. Si deseamos que el amor crezca, tenemos que trabajar en ello, de tal forma que la relación se convierta en una convivencia saludable, agradable y deseable. Sí se puede tener una relación saludable, y es necesario hacerlo, para traer estabilidad y contribuir a la felicidad de ambos. Eso sí, debemos ser realistas y darnos cuenta de que el enamoramiento espontáneo solo se vive una vez y ahora se tiene que conquistar con detalles y atenciones.

Lo que vamos a construir ahora no es lo que vivimos cuando nos enamoramos la primera vez, sino algo extraordinario, porque ya hemos caminado juntos, lo que nos permite tener una historia que antes no teníamos, y segundo, nos conocemos más, lo que facilita entregarnos de una mejor manera. Lo cierto es que tenemos más cosas en común que cuando nos conocimos, lo que nos une más que cuando iniciamos la relación. Lo cual es más hermoso todavía.

Para lograr eso que anhelamos, es necesario trabajar en dos cosas: quiénes somos y qué aportamos para mejorar esa convivencia.

1. PLENITUD PERSONAL

Quiero enfatizar la importancia de esto, aunque lo mencioné anteriormente. Lo que nos permite relacionarnos saludablemente en el matrimonio, es que cada uno haya logrado un gran autoconocimiento y autoaceptación. Esto, a su vez, nos lleva a hacer crecer el amor propio, la seguridad en uno mismo y la realización personal. No se trata de tener un ego muy grande, sino de tener una identidad definida, aceptar nuestras fortalezas y nuestras debilidades. Esto es lo que nos lleva a convertirnos en personas responsables de nuestros propios pensamientos, sentimientos, emociones y acciones.

Esta plenitud personal que hemos alcanzado regirá la interacción con el cónyuge, porque la capacidad que tenemos para amar a los demás está directamente relacionada con la capacidad que hemos desarrollado de amarnos a nosotros mismos.

Una vez alcanzado esto, estamos listos y preparados para conformar un proyecto en común con nuestro cónyuge. Y ese proyecto en común se verá enriquecido con dos personas que se saben plenas y capaces de crear algo nuevo, único y maravilloso.

Cuando somos personas plenas, completas, llenas y felices, no dependemos, sino que construimos y aportamos. No demandamos, más bien damos. No imponemos, más bien inspiramos.

> **Cuando somos personas plenas, completas, llenas y felices, no dependemos, sino que construimos y aportamos.**

Una persona emocionalmente frágil buscará que la pareja le llene los vacíos emocionales que no ha sido capaz de llenar.

Exigirá que el otro esté disponible para ella, la lleve, la traiga; se enojará fácilmente y su nivel de tolerancia será sumamente bajo, lo cual es el escenario propicio para vivir en una constante lucha de poder y en una exigencia permanente de que la otra persona cambie. Es cuando solemos decir: "Si hicieras las cosas de manera diferente, estaríamos bien". En esta condición, nos concentramos en ver los defectos, pero no solo los vemos, sino que los señalamos constantemente. Esto es lo que domina nuestras conversaciones y la queja se torna en nuestro hablar diario. Vivimos para demandar, pero no damos nada.

Una relación sólida, la cual nace de personas plenas y seguras, es lo que conduce a la comprensión, a la intimidad emocional y a divertirnos juntos.

2. CONSTRUIR UNA RELACIÓN SÓLIDA

Construir una relación donde reine la tranquilidad, la paz, la seguridad, la cordialidad y la felicidad, es posible, siempre y cuando ambos estemos dispuestos a construirla todos los días con la mejor actitud. Ambos tenemos que poner de nuestra parte, aprender de buenos libros, participar de grupos donde crezcamos mutuamente y, si es necesario, buscar ayuda externa de algún profesional.

Un buen arranque son los siguientes siete elementos:

COMPROMÉTASE A SOSTENER LA RELACIÓN HASTA EL FINAL

El fundamento de una relación para toda la vida lo otorga el compromiso de amar. Esto nos impone superar nuestras diferencias y entrar en negociaciones en las que, algunas veces, habrá que ceder. Eso implica que, en ocasiones, tendremos que ser tolerantes con el otro, y en otras tendremos que cambiar algo para beneficio de los dos.

Si vamos a vivir juntos el resto de nuestras vidas, tenemos que esforzarnos en convertir el matrimonio en una aventura emocionante. No tiene que ser aburrido, monótono o complicado; puede ser agradable, placentero, desafiante y divertido. Además, decidir que será una relación para toda la vida trae seguridad y dejaremos por fuera frases de manipulación como lo son: "Mejor nos divorciamos", "Me voy a ir de la casa", "Seguro no éramos el uno para el otro".

> **La decisión de seguir juntos, si bien es para toda la vida, se toma cada día.**

Pero algo que debemos recordar es que la decisión de seguir juntos, si bien es para toda la vida, se toma cada día. Ello es particularmente importante cuando se trata de realizar ajustes, tomar decisiones o resolver conflictos, porque ello nos brinda un panorama más enfocado y práctico.

AMOR INCONDICIONAL

El amor incondicional es una decisión unilateral. El amor incondicional se otorga en todo momento, en riqueza o en pobreza, en salud o en enfermedad. Te amaré independientemente de lo que digas, decidas o hagas. No es un amor fluctuante o emocional, es un amor firme y fuerte. No significa que tenemos que pensar como el otro, aprobar todo lo que el otro decida o estar de acuerdo en todo lo que disponga. Nuestro cónyuge debe tener la seguridad de que puede contar con nosotros en todo momento y en cualquier circunstancia.

> **Nuestro cónyuge debe tener la seguridad de que puede contar con nosotros en todo momento y en cualquier circunstancia.**

Amar incondicionalmente otorga seguridad a la relación, estabilidad a la convivencia y, sobre todo, nos permite ver lo bueno en nuestro cónyuge mientras disimulamos los defectos.

RESPETO

Como todo en la vida, yo puedo respetar al otro en tanto yo me respeto a mí mismo. Cuando me trato con dignidad y consideración, estoy capacitado para darle un lugar de honor a mi cónyuge y la relación florece porque hay respeto incondicional.

El respeto tiene como premisa la aceptación y la admiración mutuas. El respeto brinda libertad, seguridad y confianza, por ello tenemos que respetar los gustos, las costumbres y las opiniones de nuestro cónyuge.

Aceptarnos tal cual somos es fundamental para hacer florecer la relación, esto implica que no intentamos cambiarnos ni nos idealizamos, solo nos aceptamos tanto con los defectos como con las virtudes que nos identifican.

Respetar al cónyuge trae armonía y produce felicidad. Solo las parejas que disfrutan de una relación estable conocen los beneficios del respeto, tanto personal como mutuo.

Ese respeto mutuo se extiende a la familia de cada quien. Si algo nos permite acercarnos más, es aceptar a la familia del cónyuge. Nosotros podemos hablar mal de nuestra familia, pero no es correcto que lo haga mi cónyuge, por eso, nunca hablemos mal de la familia de nuestro cónyuge. Si tenemos algo que decir, que sea para expresar admiración y respeto. Por otro lado, es fundamental que la familia de origen no intervenga en la relación de pareja. La relación de pareja es de dos y no pueden participar otras personas; menos la familia extendida. Si mantenemos una relación saludable con ambas familias, contribuiremos grandemente a la salud del matrimonio.

CONFIANZA

Toda relación necesita una alta cuota de confianza; esto nos invita a ser amigos, sentirnos seguros y gozar de tranquilidad. La confianza nos permite vivir en paz y nos estimula a vivir una intimidad placentera. La confianza trae consigo solidez en la relación, cercanía y deleite. La confianza en nuestro cónyuge es clave para garantizar una buena relación. Y, ciertamente, esa confianza es la que permite que la relación se extienda en el tiempo.

> **La confianza trae consigo solidez en la relación, cercanía y deleite.**

La confianza elimina los pensamientos negativos, esos que nos hacen vivir viajes interminables en nuestra imaginación y nos roban la paz. La confianza elimina los celos enfermizos y los malos entendidos, y evita que tengamos que investigar qué hace, a dónde va y con quién habla. Los celos dañan cualquier relación, guiándola a la mentira, al distanciamiento y a la manipulación. Ninguna relación puede crecer a partir de los celos. Confiar en el cónyuge es fundamental para gozar de una relación estable y fuerte. El amor es inocente, cree, confía, acepta, valora y aprecia. Es esta inocencia la que debemos proteger para que la relación sea fuerte y estable.

Quizá cargamos en nuestra propia historia de vida experiencias negativas porque nosotros, nuestros padres o alguien muy cercano, vivió alguna traición en su relación de pareja, y no queremos que nos vuelva a pasar o que nos pase como les pasó a ellos. Y tal vez por eso nos cuesta confiar. De ahí la importancia de trabajar en nosotros mismos; primero, identificando esos puntos ciegos y trabajándolos. Incluso, quizá también nos cuesta confiar porque nuestro cónyuge nos dio motivos para hacerlo. Pero, igualmente, retomar la confianza en el otro tiene que trabajarse; primero, tomando la decisión de continuar; segundo, perdonando, y tercero, buscando apoyo para sanar la relación.

Seamos responsables con nuestras cosas, y mostrémonos como personas dignas de confianza.

FIDELIDAD

La relación es fuerte en tanto seamos fieles, primero con nosotros mismos, y después con el otro. Si decidimos ser fieles con nuestro cónyuge es porque decidimos primeramente respetarnos a nosotros mismos, viviendo con honestidad y transparencia.

Ser fiel es una decisión personal. La fidelidad brota del amor, de la decisión de hacer cumplir la palabra que dimos al momento de casarnos; es hacer prevalecer lo que creemos sobre lo que sentimos. Al decidir ser fieles al cónyuge, lo que estamos haciendo es valorar a aquella persona, apreciar su dignidad y honrar nuestra palabra.

Ser fiel es la decisión de honrarnos, honrar al otro y respetar la relación de pareja. Es el compromiso de exclusividad que asumimos al unir nuestra vida a la de la persona amada.

Lo que nos impulsa a ser fieles es que decidimos tener una relación extendida en el tiempo, y una relación fundamentada en la confianza. Por eso, este valor se practica entre dos personas libres que se aman, se respetan y desean construir un futuro estable.

Ser fiel es la decisión de honrarnos, honrar al otro y respetar la relación de pareja.

Pero también nos impulsa el deseo de ver crecer nuestra amistad. Si este valor es trascendental en las relaciones con los otros, pensemos cuánto más en la que tenemos con nuestro cónyuge. El matrimonio es una relación en la que hemos puesto nuestro máximo esfuerzo, proyectamos vivir el resto de nuestras vidas juntos, hacer agradable la convivencia, trascender en hijos y traer la estabilidad necesaria para producir salud emocional, y para lograrlo debemos decidir ser fieles contra viento y marea.

La fidelidad debe vivirse desde las emociones y los pensamientos, ya que es allí donde nacen las acciones, en el deseo del corazón. Por lo tanto, la fidelidad hay que cultivarla día a día.

Es un mito pensar que por amar a nuestro cónyuge no seremos atraídos por alguien del sexo opuesto en alguna ocasión. Los sentimientos hacia una persona del sexo opuesto se pueden desarrollar cuando se está en una situación de contacto frecuente. Esto puede ocurrir entre compañeros de trabajo, amigos íntimos o vecinos que invierten más tiempo en esa relación de amistad que en su matrimonio. En estas situaciones, existe la oportunidad de que se desarrollen la atracción, el afecto y la pasión. Inicialmente, puede parecer muy natural, casi irresistible y hasta justificada con disculpas como: "Solo somos amigos", "En casa no me entienden y esta persona sí me escucha y comprende", entre otras. Por lo tanto, es importante conocer nuestra vulnerabilidad y correr en la dirección contraria.

Sin importar el motivo que utilicemos para justificar la infidelidad, las consecuencias siguen siendo las mismas: la persona infiel tiene que mentir, ocultarse, se llena de culpa, pierde el equilibrio emocional, compromete su estabilidad, su honor y su credibilidad; y toda infidelidad tiene consecuencias lamentables.

Además, el precio de hacerle daño a la persona amada debe considerarse muy seriamente. Algunas cicatrices podrían hacer que nuestra pareja pierda la confianza y el respeto, así como los amigos y familiares.

Constantemente debemos preguntarnos si vale la pena arriesgar lo que nos ha costado construir por tanto tiempo: la familia que amamos, la admiración de nuestros hijos e hijas, el respeto de los nuestros, la confianza que genera ser una persona de palabra, la salud y tranquilidad emocional. Este ejercicio nos permite valorar lo verdaderamente importante en la vida.

Al atravesar un momento de peligro como ese, debemos realizar una mayor inversión en la relación matrimonial. En este momento de vulnerabilidad deben surgir todos los razonamientos necesarios que nos motiven a pensar en esa persona amada, en sus cualidades y en las cosas que, tal vez por el correr diario, hemos dejado de abonar.

Cultivemos la relación matrimonial con pequeños detalles, como arreglarnos para nuestra esposa o nuestro esposo, ser afectivos y mantener una excelente comunicación. Nuestra prioridad debe ser cultivar una buena relación con nuestro cónyuge. Estos son elementos que nos ayudarán a mantener la relación fuerte y saludable.

Nuestra prioridad debe ser cultivar una buena relación con nuestro cónyuge.

De este mismo modo, en momentos de vulnerabilidad, refugiémonos en la pareja o en una persona cercana confiable y prudente que nos escuche, nos ayude a ver las cosas claras y nos brinde consejos para procurar la fortaleza que necesitamos en esos momentos cruciales de la vida.

Si estamos experimentando atracción por alguien que no es nuestro cónyuge, detengámonos mientras aún hay tiempo, ya que, al quebrantar el pacto de fidelidad, se quiebra la confianza, que es como un frágil cristal, difícil de reparar.

BUENA COMUNICACIÓN

La intimidad emocional genera confianza, respeto y tolerancia, lo que a su vez propicia que aceptemos a la otra persona tal cual es. Todo esto abre canales de comunicación. La buena comunicación no se trata de un sentimiento artificial, sino de una comprensión fundamentada en el afecto, donde somos amados y valorados.

Como en un círculo perfecto, cuando somos íntimos en el matrimonio, logramos diálogos profundos, conversaciones amenas, reímos y disfrutamos caminar juntos por la vida. Definitivamente, la intimidad física encuentra su origen en la intimidad emocional que, a su vez, se logra cuando desarrollamos la capacidad de comunicarnos afectivamente.

La buena comunicación requiere esfuerzo: aclaremos el mensaje, observemos, preguntemos, investiguemos, reflexionemos y seamos pacientes. No nos enojemos fácilmente, escuchemos, enfriemos las emociones, busquemos soluciones, y conservemos intacta nuestra admiración por nuestro cónyuge. Expresemos lo que sentimos y pensamos, pero de manera asertiva y con una base clara. Los matrimonios saludables expresan libremente lo que sienten y piensan, porque en la relación no impera el temor o las acciones reactivas o la imposición de un criterio. En una buena comunicación logramos resolver nuestras diferencias sin herirnos y con una gran cuota de responsabilidad personal.

CAMINAR JUNTOS

Para que alcancemos el objetivo de terminar juntos, tenemos que aprender a caminar juntos, a no solo haber desarrollado nuestro propio potencial, sino a magnificar el de nosotros como pareja. Caminar juntos es mirar en la misma dirección, es perseguir objetivos en común. Cuando tenemos proyectos y retos comunes, esto fomenta la unidad y nos obliga a llegar a acuerdos y a dialogar.

Caminar juntos significa, hacer una pausa para encontrarnos, escucharnos, contemplarnos y avanzar en una misma dirección. Podemos caminar con muchas personas y cosas a la par, como los hijos, la familia extendida, los amigos, el trabajo, etc. Eso es lo normal y lógico, pues vivimos en un mundo donde todos tenemos un lugar y donde todos ejercemos distintos roles. Sin embargo, no podemos dejar que el ímpetu de la vida cotidiana, con sus dificultades y gratificaciones, nos hagan perder de vista esa relación con la persona amada.

Las parejas saludables logran vivir con tranquilidad, estabilidad y confianza, porque todos los días trabajan en fortalecer la relación alimentando el respeto, manteniendo intacta su admiración mutua y resolviendo sus diferencias sin lastimarse y llegando a acuerdos, así como haciéndole frente a lo que venga estando uno al lado del otro. Es cuando la intimidad prevalece y reina la armonía.

No existen las relaciones perfectas, pero sí las que son saludables, las que deciden hacer de la convivencia algo agradable, y se esfuerzan por crecer todos los días.

CÓMO HACER CRECER EL AMOR

Un matrimonio debe ser el mejor equipo del mundo; no dividen, suman; no se roban la energía, la multiplican, y caminan juntos en una misma dirección. En un matrimonio nos respaldamos mutuamente. Por eso, debemos preguntarnos constantemente si estamos haciendo crecer el amor que nos une.

> **Un matrimonio debe ser el mejor equipo del mundo; no dividen, suman; no se roban la energía, la multiplican, y caminan juntos en una misma dirección.**

Para alcanzar la felicidad en el matrimonio debemos ser intencionales en crear la dinámica que nos conduzca al destino deseado, y para esto requerimos tener la mejor actitud, estar dispuestos a caminar juntos en una misma dirección y ser constantes hasta lograr una dinámica familiar saludable.

Para hacer crecer el amor, debemos esforzarnos todos los días, hasta que ambos estemos construyendo en la misma dirección. No significa perfección, sino intencionalidad.

Lo que hacemos la mayor parte del tiempo lo hacemos automáticamente, porque hemos desarrollado una forma de pensar, sentir y de actuar. Por lo tanto, debemos dejar ir lo que está mal, y realizar los cambios que nos permitan convertir el matrimonio en el mejor lugar para vivir. Es por esta razón que debemos crear hábitos, convicciones y tradiciones saludables que nos faciliten caminar juntos en una misma dirección. Sugiero algunas recomendaciones que le ayudarán a fortalecer el amor que les une.

1. ACÉPTENSE

Si tratamos de cambiar a nuestro cónyuge en lo que deseamos que sea, ambos viviremos una frustración constante, porque la lucha será interminable. Los seres humanos tenemos una personalidad que nos identifica, y también hemos sido marcados por nuestra historia y la educación de nuestros padres. Intentar cambiar al otro a nuestra manera significaría atropellar su identidad y forzar procesos de cambio que solo corresponden a uno mismo.

Todos necesitamos aceptación, admiración, y que nos ayuden a mejorar, pero esto no lo logra la crítica, el menosprecio o el grito. Lo logra el reconocimiento, el estímulo y la valoración. Es más fácil amar cuando nos permiten ser como somos. Por eso, renuncie a la idea de querer cambiar a su cónyuge, acéptelo y ámelo tal cual es.

> **Renuncie a la idea de querer cambiar a su cónyuge, acéptelo y ámelo tal cual es.**

2. ESCÚCHENSE CON ATENCIÓN

Al escucharnos nos acercamos, nos comprendemos mejor y respetamos la opinión de nuestro cónyuge. Escuchar nos permite mirar el mundo desde la perspectiva de la otra persona, y crece nuestra comprensión de lo que ocurre. Por eso, escuchemos sin criticar, ni juzgar. Escuchar con atención es más que recibir información. Es identificarnos con los sentimientos de la persona que nos habla, y validar lo que está experimentando. Significa no adelantarnos a dar una opinión, un criterio o una crítica. Es estar atento a lo que piense y sienta la persona que amamos.

Escuchar con atención es emocionarnos cuando nos cuenta la misma historia, y reaccionar como si fuera la primera vez. Solo a los amigos más cercanos y a los de más confianza se les cuenta la misma historia, porque el amor que nos tenemos nos permite hacerlo.

Las historias personales se cuentan, no como quien transmite información, sino como quien expresa sentimientos, y traen al presente recuerdos que nos significan mucho. El amor crece cuando nos escuchamos con atención, porque nos permite estar cerca confiadamente.

3. ELÓGIENSE MUTUAMENTE

Elogie sus virtudes, logros y avances. Elogie el sacrificio que hace por la familia, la entrega desinteresada y el amor que pone en sus actos de servicio. Elogiar implica estar atento y observar lo que nuestro cónyuge hace, y así tener una razón para admirar.

Elogiar a nuestro cónyuge es celebrar sus éxitos y alegrarnos por el camino recorrido. Alégrese cuando su cónyuge progresa, y felicítelo por las conquistas que ha alcanzado en las diferentes áreas de su vida.

Felicítelo por como él o ella son, afírmelo constantemente y anímelo cada día con palabras de aprecio y estímulo.

4. SEAN AGRADECIDOS

La gratitud nos acerca y hace agradable el recorrido. Cuando su cónyuge haga algo por usted o la familia, agradezca con sinceridad. Si aprendemos a agradecer regularmente, lo convertiremos en un estilo de vida. Cuando somos agradecidos nos transformamos en personas alegres, reímos más y llenamos la atmósfera del hogar del mejor de los perfumes, el perfume del amor.

5. CAMINEN JUNTOS EN UNA MISMA DIRECCIÓN

Definamos juntos las metas que nos inspiran, conversemos sobre los sueños que nos apasionan, y dibujemos el futuro con esperanza y buen ánimo. Si lo hacemos así, nos acercamos y surge la ilusión por conquistar lo que nos desafía acompañados de la persona que amamos.

6. CONTROLEN EL ENOJO PARA NO HERIR

Cuando estemos disgustados o enojados no hablemos hasta que las emociones se enfríen, y hasta que tengamos claro lo que pensamos. Luego, conversemos tranquilamente lo que nos molesta o incomoda. No dejemos que la ira nos domine. Es mejor hacer silencio que herir a quien amamos. Podemos controlar el enojo cuando tratamos de comprender al otro y pensamos lo mejor de él o ella. Esto nos conduce a una convivencia más agradable.

7. CADA VEZ QUE SE PUEDA, DUÉRMANSE A LA MISMA HORA

Disfrutemos cuando estemos juntos en la cama, que sea un tiempo para conversar, acariciarnos, estar juntos y ponernos románticos. No siempre terminaremos teniendo relaciones sexuales, pero sí debemos procurar que la pasión y el romanticismo nos acerque. Cuando nos amamos, disfrutamos estos momentos íntimos.

8. RESPETEN LOS SENTIMIENTOS DEL OTRO

Hagamos prevalecer el respeto y la gentileza para no lastimar los sentimientos de la persona que amamos. Nunca subestime los sentimientos de su cónyuge, valídelos y afírmelos. No utilice el silencio como un instrumento para castigar; exprese lo que piensa teniendo consideración por sus sentimientos. Me inspira Jesús, cuando en la cruz le pide a su amigo Juan que cuide a su madre. Él sabía que su madre estaba viviendo un momento muy difícil, y tuvo la sensibilidad de identificarse con su dolor. Esto se llama amor (Juan 19:27).

Nunca subestime los sentimientos de su cónyuge, valídelos y afírmelos.

9. CAMINEN UNO AL LADO DEL OTRO

En algunas culturas el hombre camina apresurado delante de la mujer, y ella intenta seguir su paso. Esto también sucede en la relación de matrimonio. En algunas áreas un cónyuge tiene más habilidad que el otro o, simplemente, desea ir más rápido, y tiene la expectativa de que su compañero o compañera vaya al mismo ritmo que él o ella, y esto no siempre es posible.

En el matrimonio caminamos de la mano, nos esperamos y disfrutamos el recorrido mientras contemplamos lo que nos rodea y vamos aprendiendo en el proceso. Disfruten del paisaje mientras caminan juntos, conversen sobre los sueños que les inspiran y rían de lo que les hace gracia.

10. PIDAN PERDÓN CON GENTILEZA, Y PERDONEN RÁPIDAMENTE

En todos los matrimonios hay discrepancias y diferentes puntos de vista; esto nos lleva a la conclusión de que no podremos evitar los conflictos. Si aprendemos a resolver con prontitud nuestras diferencias, dialogamos con respeto y conversamos, será grato el recorrido de la vida. Es entonces cuando traemos paz y armonía al hogar. Al disculparnos con prontitud, la relación se fortalece y la confianza crece.

Los matrimonios que se aman, conversan y resuelven sus desacuerdos. Es lo que hace crecer la confianza y el amor que nos une.

11. ASUMAN LA RESPONSABILIDAD DE SUS EMOCIONES

Cuando asumimos la responsabilidad de nuestras emociones, facilitamos el crecimiento personal, fortalecemos la relación, y lo más importante es que no culpamos a nuestro cónyuge por lo que sentimos. Cuando nos responsabilizamos por lo que sentimos, nuestro cónyuge puede amarnos más libremente, porque comprende que amar es acompañar y animar.

12. ACEPTEN QUE SON HUMANOS Y COMETEN ERRORES

No permita que nada le convierta en alguien egoísta, o le robe la confianza. Todos cometemos errores y debemos mantener un corazón abierto y sano para seguir luchando por la armonía del hogar. Cometemos errores, nos vamos a decepcionar y en algunos momentos no será fácil la convivencia, pero si luchamos por proteger la línea del respeto y mantenemos intacta la admiración mutua, el amor se fortalece.

13. ENFRÍEN SUS EMOCIONES

Cuando la tensión crece, tome tiempo para enfriar sus emociones alteradas y ordenar sus pensamientos, y decida tener la mejor actitud. Recuerde que lo que hoy parece difícil de comprender y la incomodidad que experimenta, pronto pasarán y todo regresará a la normalidad. Evite decir algo que lamente después; y si lo hizo, discúlpese lo más pronto posible.

14. ESTÉN DISPUESTOS A ENTREGARSE POR EL OTRO

Amar es hacer lo mejor que podamos en beneficio de los demás, y en muchos momentos tendremos que sacrificarnos. Hace algún tiempo conocí un matrimonio donde ella había perdido la movilidad de sus extremidades en un accidente. Se moviliza en una silla de ruedas y su esposo la lleva a todos lados con una gran disposición, amor y ternura. Pocas veces he visto tanta ternura como la que tiene este matrimonio. Cuando le pregunté a ella si él siempre era así, me dijo: "Muchas veces, cuando vamos a algún lugar en el auto, él quiere que lo acompañe. Pero bajar la silla y hacer todo el procedimiento dura como media hora y lo que vamos a hacer es rápido. Yo le animo a que me deje en el auto, pero él insiste en llevarme. Me besa y me cuida con ternura y aprecio. ¡Cómo no amarlo!"

15. EL AMOR CRECE CUANDO NOS CONVERTIMOS EN LOS MEJORES AMIGOS

Mi amigo estaba con su esposa, ambos lucían elegantes, y la pregunta era lógica: ¿Qué celebran? "El 25 de cada mes celebramos el día de nuestra boda. Ese día cenamos juntos, y celebramos que nos amamos".

Ellos son amigos, comparten intereses, inquietudes profesionales y una amistad que se distingue a leguas. Se les ve de la mano, se saludan de beso y se hablan con respeto. Ingredientes necesarios para que el amor crezca.

El amor crece cuando es producto de una amistad que se extiende en el tiempo y cuando lo compartimos todo. Es entonces cuando desaparecen los secretos, disfrutamos conversar, reímos juntos y nos contamos todo lo que nos ocurre.

EL AMOR NACIÓ PARA CRECER

El amor no crece automáticamente. Debe cultivarse con detalles, con gentileza, con amabilidad y con mucho respeto. El amor crece cuando decidimos conquistar, cuando conservamos los detalles, cuando vivimos el romanticismo, disculpamos los errores del camino y mantenemos viva la ilusión de terminar juntos.

Cuando hay amor, nos volvemos complacientes, escuchamos sin interrumpir y buscamos cualquier pretexto para abrazar.

Decida agradar a la persona que ama. Cuéntele sus temores, sus sueños y proyectos. Escúchele con atención. Afírmelo cuando necesite hablar y ofrézcale su hombro para que llore cuando esté triste.

Cuando nos amamos, deseamos pasar tiempo con la otra persona, preguntamos cómo le ha ido, le escuchamos con atención, confiamos plenamente, le ayudamos cuando nos necesita, respetamos sus decisiones, mostramos afecto todos los días, nos miramos a los ojos con ternura, recordamos lo que hemos vivido, soñamos con un mejor futuro, y nos esforzamos por complacer a la persona amada. Definitivamente el amor hace que la convivencia sea agradable.

Cuando amamos, la confianza crece a tal punto que nos sentimos en la libertad de contar nuestros problemas, miedos y temores. Es lo que nos permite estar cerca, escucharnos y terminar abrazados en silencio. Es lo que muchas veces me ocurre cuando Helen me pregunta si me preocupa algo en especial. Me abraza, me hace cariño y termino recostado a su lado hablando de lo que tengo en mi corazón. Lo mejor de todo es que nos hemos convertido en los mejores amigos y disfrutamos estar cerca.

Cuando nos sentimos mal, solo deseamos correr a los brazos de alguien que nos comprenda, nos escuche sin juzgarnos y nos levante el ánimo.

Amar es extender la mano para ayudar, acompañar y pasar juntos las dificultades. Es aquí cuando nos damos cuenta que vale la pena estar juntos, aunque muchas veces existan decepciones, momentos difíciles y desilusiones. Porque son más las cosas positivas que vivimos que lo negativo.

Cuando hemos aprendido a amarnos, traemos estabilidad a la relación, por eso vale la pena alimentarla todos los días y fortalecerla con detalles que nos acerquen.

Permítanse amar y ser amados.

PARTE FINAL

DE PABLO A TIMOTEO; LA ÚLTIMA CARTA; EL LEGADO

El apóstol Pablo amó a Timoteo como a un hijo, y lo hizo de tal forma que al final de sus días fue a él a quien le escribió su última carta. Allí encontramos principios que nos pueden ayudar a marcar la vida de nuestros hijos y a dejar un legado que los impulse en la conquista de sus propias metas y de sus sueños.

La mejor forma de amar a nuestros hijos y nietos es dejar en sus corazones recuerdos que los impulsen en el desarrollo de su potencial, que los ayuden a superar los temores que surgirán mientras crecen y a terminar sus días habiendo alcanzado las metas y sueños que se han propuesto. Esto implica terminar bien nuestro días y vivir intencionalmente todo lo que hacemos.

Si alguien quiere vivir intensamente la vida, deje un buen legado a la siguiente generación. Por eso, ame a su Timoteo, a esas personas que se inspiran en usted y lo miran como al héroe que deben imitar y seguir.

Pablo se entregó y amó a Timoteo, y nos muestra el camino para que nosotros también podamos dejar un legado que inspire a nuestros hijos y nietos.

Timoteo era el hijo de una madre judía cristiana y un padre griego no cristiano. *"Llegó Pablo a Derbe y después a*

Listra, donde se encontró con un discípulo llamado Timoteo, hijo de una mujer judía creyente, pero de padre griego" (Hechos 16:1). Parece que su padre muere y es educado por su madre Eunice y su abuela Loida, según lo describe 2 Timoteo 1:5.

No importa la circunstancia en la que estemos criando a nuestros hijos, debemos inspirarlos para que sean capaces de escribir historias extraordinarias.

Todas las familias tienen un "pero": retos por superar, obstáculos por vencer y decepciones por dejar atrás. No compare a su familia, acéptela tal cual es y crea que Dios le dará la fuerza suficiente para sacar adelante la tarea.

En el caso de Timoteo, solo tiene a su extraordinaria madre y a su valiente abuela. Ambas llenas de fe, y con esperanza de que su hijo se convirtiera en un gran hombre de Dios. El amor supera los obstáculos más grandes, y lo que hemos sembrado en el corazón de nuestros hijos un día dará su fruto, como fue el caso de la abuela Loida y su hija Eunice.

El reto más grande que tenemos es disculpar los errores cometidos por nosotros, y también perdonar al padre ausente. Por eso, el único camino que tenemos es pedir a Dios que nos perdone, y nos ayude a perdonar a quienes en el camino nos han lastimado o abandonado, porque nuestros hijos no tienen que vivir como víctimas de los errores del pasado.

Pablo inspira a Timoteo a partir de su ejemplo, tal y como lo dijo: *"Yo, Pablo, elegido por la voluntad de Dios para ser apóstol de Cristo Jesús escribo esta carta. Fui enviado para contarles a otros acerca de la vida que él ha prometido mediante la fe en Cristo Jesús"* (2 Timoteo 1:1, NTV). Pablo cuenta lo que ha recibido de parte de Dios, lo que vive y lo que le apasiona. Cada uno habla desde su realidad, y esta es la plataforma sobre la que se levantan nuestros hijos. Pablo es un ejemplo de inspiración para su hijo amado Timoteo. Lo que hemos logrado, la posición que hemos alcanzado y el buen nombre que hemos construido, será nuestro legado a los que amamos y siguen nuestros pasos.

Pablo le escribe al hijo amado, al que le ha robado el corazón. Bien podría haber escrito su última carta a la Iglesia más grande, o a la Iglesia más necesitada, pero su última carta la escribe a su hijo amado, Timoteo:

"Le escribo a Timoteo, mi querido hijo. Que Dios Padre y Cristo Jesús nuestro Señor te den gracia, misericordia y paz".   (2 Timoteo 1:2, NTV)

Pablo escribe a su hijo amado Timoteo. La pregunta que surge es… ¿Para usted quién es su hijo amado? ¿A quién está influenciando? **¿A quién le escribirá su última carta?** ¿Quién sigue sus pasos? ¿Quién le roba el corazón? **¿Quién es su Timoteo?**

Cuando llego a la casa de mi hijo Daniel y su esposa Rocío, y veo a mi nieto Emiliano, muchas veces le digo: "¡Emiliano, soy tu abuelo, y estoy aquí abriendo camino para vos!". Lo hago intencionalmente porque sé que el fruto de todo lo que siembro lo cosecharán mis hijos y mis nietos. Sé que mis hijos y mis nietos se levantan sobre la gracia que de Dios hemos recibido. Mis hijos y mis nietos me roban el corazón y me invitan a caminar creyendo que ellos llegarán muy lejos, y que a su tiempo influenciarán su generación. Servir a la familia es una de las dimensiones de amor más profundas que cualquier ser humano puede experimentar.

> **Servir a la familia es una de las dimensiones de amor más profundas que cualquier ser humano puede experimentar.**

Pablo da gracias a Dios por Timoteo. "*Timoteo, doy gracias a Dios por ti...*" (2 Timoteo 1:3, NTV) Agradezca a Dios por la vida de sus hijos, y dígales esto mismo cada día: "Doy gracias a Dios por ti...". Haga que sus hijos le vean sintiéndose orgulloso de ellos. Por eso, sustituya la crítica por el reconocimiento, y el regaño por el halago. Sin darnos cuenta vamos sumando valor al corazón de nuestros hijos cuando los aceptamos, los afirmamos y nos ven sentirnos orgullosos de ellos.

Ore siempre por sus hijos. "*Día y noche te recuerdo constantemente en mis oraciones*" (2 Timoteo 1:3, NTV). Llegamos a amar a aquellas personas por las cuales oramos y a las que recordamos constantemente. Cuando oramos por nuestros hijos, el amor que les tenemos crece.

El corazón de los padres se liga de una manera extraordinaria con sus hijos cuando oramos por ellos, y sin darnos cuenta, nuestros hijos nos observan y valoran lo que hacemos en secreto. Un día Helen y yo dábamos unas conferencias en Carolina del Norte, y publicaron una foto donde estamos alabando y orando a Dios con las manos levantadas. No había visto la publicación, pero sí la vio mi hijo Esteban, y él escribió al respecto algo que me impactó, porque muchas veces no nos damos cuenta de cuánto nuestros hijos nos observan.

Esteban dijo:

"Esta imagen me acaba de sacar las lágrimas. Es porque ellos le creyeron a Dios que hoy puedo servir a las personas, amar a mi esposa como la amo, y conocer a Jesús. Así estaban ellos en su cuarto cuando yo me apartaba de Dios, así estuvieron ellos durante 19 años cuando íbamos juntos a la iglesia aunque yo no quisiera ir, así estuvieron en momentos importantes de mi vida, y así siguen ellos después de 33 años de

casados. Así se ven mis héroes. Mientras ellos sigan teniendo la mirada en el lugar correcto, su matrimonio va a mantenerse sólido a lo largo de los años, y las siguientes generaciones les agradecerán por haber permanecido adorando a Dios, y por enseñarle a todo Iberoamérica que sí se puede tener una familia saludable. Ellos... ellos le creyeron a Dios. ¡ESTA ES LA CLAVE! Conozca y ame a Dios con todo su corazón. Deje que ese amor impacte todos los días y se desborde por su familia y sus futuros hijos. Un día ellos hablarán de usted así como yo hablo y veo con orgullo a mis padres. Gracias, pa y ma, por abrir camino para mí y por tener claro hacia dónde guiarme cuando he necesitado dirección. ¡Les amo, @ sixtoporras y mami!".

Vivamos de tal forma que nuestros hijos nos recuerden orando por ellos.

Haga que sus hijos le tengan confianza. *"Tengo muchos deseos de volver a verte porque no me olvido de tus lágrimas cuando nos separamos..."* (2 Timoteo 1:4, NTV). Relaciónese de tal forma con sus hijos, que le tengan la confianza necesaria para contar sus cosas más íntimas y expresar sus sentimientos más profundos.

Se llora en el hombro de un padre o una madre cuando no me siento juzgado o criticado, cuando me escucha, y cuando se identifica conmigo en mis debilidades, dudas y temores. Se llora con personas de mucha confianza. La pregunta que surge es, ¿con quién llora su hijo? ¿En los brazos de quién llora su hija?

No es fácil hacer crecer la confianza porque somos la autoridad que pone reglas, da órdenes, corrige lo que está mal y disciplina. Pero a la vez, nadie inspira más confianza que un padre o una madre que aman y están cerca. Pablo vivió el privilegio que el joven Timoteo le tuviera tanta confianza, que en algunos momentos, al abrir su corazón, terminaba llorando en sus hombros. Esos momentos se recordarán para siempre, porque el amor nos acerca, inspira seguridad y nos da la certeza de que podemos llorar y seremos comprendidos.

Pase tiempo de calidad con sus hijos. "...*Me llenaré de alegría cuando estemos juntos otra vez*" (2 Timoteo 1:4, NTV). Tenga ilusión de pasar tiempo con las personas que ama. Pase tiempo con su Timoteo, llénese de alegría cuando estén juntos, aproveche al máximo esos momentos para que construyan recuerdos agradables. Planee citas especiales con su hija y salga de paseo con su hijo. Tenga encuentros significativos con ellos. Momentos tan íntimos y especiales que ellos deseen que se repitan muchas veces más.

Construya un legado fundamentado en la fe, la esperanza y el amor. "*Me acuerdo de tu fe sincera, pues tú tienes la misma fe de la que primero estuvieron llenas tu abuela Loida y tu madre Eunice, y sé que esa fe sigue firme en ti*" (2 Timoteo 1:5, NTV). ¡Qué maravilloso es ver que la fe que nos ha inspirado en los momentos cruciales de la vida y nos ha levantado de las dificultades más severas, ahora inspira a nuestros hijos y nietos!

Siga congregándose, lea la Biblia con sus hijos, canten a Dios cuando estén juntos en la casa, y oren en todo tiempo. Le cuento mi historia. Yo tenía cinco años cuando estaba muy enfermo, y una madrugada experimenté un dolor muy fuerte, por lo que corrí a la habitación de mis padres y les supliqué que oraran a Dios. Al día siguiente corría en el patio de la casa y mi mamá al verme me dijo: "Vaya, acuéstese, está enfermo". Y aún recuerdo mi respuesta. "¡No, mamá, anoche Dios me sanó!"

¡Qué momento más inspirador para mi mamá! Su hijo de tan solo cinco años ya sabía poner su confianza en Dios, y esa fe ahora me inspiraba a mí.

Lo más maravilloso es que ahora la fe que mis padres me transmitieron, inspira la vida de mis hijos y la vida de mis nietos. Esta historia no inicia con mis padres, se originó con mi abuelo, el padre de mi papá, quien fue uno de los primeros cristianos en el pueblo. Nuestros nietos son la quinta generación de cristianos en la familia y sabemos que la historia se seguirá escribiendo. Por eso, bendigo la fe de los abuelos y la de las abuelas valientes que no se rindieron, y contra viento y marea le creyeron a Dios.

Persevere en creerle a Dios, y su fe un día iluminará la vida de sus hijos, nietos y bisnietos. Pasemos fe, esperanza, ánimo, y enseñanzas de vida a la siguiente generación. Hagamos que un día se hable de nosotros como se habla en esta carta de la abuela y la madre de Timoteo.

Pasemos fe, esperanza, ánimo, y enseñanzas de vida a la siguiente generación.

Imponga manos sobre sus hijos. "...*Te recuerdo que avives el fuego del don espiritual que Dios te dio cuando te impuse mis manos*" (2 Timoteo 1:6). Imponga manos con autoridad para bendecir a su Timoteo. Anímelo a vivir momentos íntimos con Dios. Yo nunca podré olvidar cuando mi papá en la sala de la casa me consagró al ministerio. Había llegado de la Facultad de Leyes y mi papá me preguntó. "¿Qué pasa, hijo, que veo que tu carrera ya no te ilusiona como antes?". "Papá, siento que Dios me está llamando para que me dedique tiempo completo al ministerio".

En ese momento mi papá se puso a llorar de emoción y me invitó a arrodillarme y levantándose, impuso sus manos sobre mi cabeza y oró consagrándome al ministerio. Fue una oración corta, pero significativa. Él oró así: "Dios, te consagro a mi hijo para que te sirva. Hijo, te consagro a Dios para que le sirvas". Era un 6 de enero a las 8:30 de la noche. Lloramos los dos y desde ese día mis padres me respaldaron en todo. Y lo más significativo es que esta misma escena la vivimos en casa Helen y yo con Daniel y Esteban, nuestros hijos, y sabemos que la viviremos con nuestros nietos.

Anime a sus hijos. Pablo anima a Timoteo recordándole que Dios le ha dado un espíritu de poder, amor y dominio propio.

"Dios no nos ha dado un espíritu de temor y timidez sino de poder, amor y autodisciplina".   (2 Timoteo 1:7, NTV)

"Timoteo, mi querido hijo, sé fuerte por medio de la gracia que Dios te da en Cristo Jesús".   (2 Timoteo 2:1, NTV)

Anime a su hijo las veces que sean necesarias. Recuérdele lo que Dios ha dicho de él, recuérdele que es fuerte y valiente, y que la perseverancia tiene su recompensa. Anímele a que se enfoque en desarrollar sus fortalezas, a aprender de los demás y a confiar plenamente en que Dios lo acompañará siempre. Afirme a su hijo y a su hija todo el tiempo. Nuestros hijos necesitan palabras de afirmación y ánimo.

Un día, serán ellos los que nos vengan a visitar. Como bien lo dijo Pablo: *"Timoteo, por favor, ven lo más pronto posible."* (2 Timoteo 4:9, NTV) En ese momento Pablo necesitaba la compañía de su hijo amado, porque otros lo habían abandonado a causa de sus prisiones. Un día serán ellos los que nos acompañen y animen. Serán ellos los que nos visiten y nos cuiden. Hoy nos toca a nosotros sembrar en el corazón de nuestros hijos, porque mañana son ellos los que vendrán a visitarnos y a darnos palabras de ánimo.

Pague el precio de estar presente en la vida de sus hijos, haga que ellos conozcan el camino a casa cuando estén lejos. Porque un día, cuando las luces se apaguen, y las ocupaciones terminen, solo quedará la familia. En los momentos difíciles, solo queda la familia, y son ellos los que nos animan, nos hacen recordar los momentos especiales que hemos vivido, nos sacan sonrisas y nos escriben cartas que llegan al corazón. Al final de los días, la familia es la que queda a nuestro lado. Por eso, el éxito no lo mide la fama, el reconocimiento, la popularidad o el dinero, lo mide lo fuerte que sea nuestra relación con la familia que hemos amado.

> **El éxito no lo mide la fama, el reconocimiento, la popularidad o el dinero, lo mide lo fuerte que sea nuestra relación con la familia que hemos amado.**

Por amor a la familia, terminemos bien la carrera de la vida. Pablo lo expresa con la elegancia que solo caracteriza a los valientes que han luchado hasta el final, permanecen fieles y tienen la conciencia tranquila.

"En cuanto a mí, mi vida ya fue derramada como una ofrenda a Dios. Se acerca el tiempo de mi muerte. He peleado la buena batalla, he terminado la carrera y he permanecido fiel". (2 Timoteo 4:6-7, NTV)

Así debemos terminar cada uno de nosotros: con la conciencia tranquila de haberlo dado todo, con una sonrisa de satisfacción y animando a los nuestros a que sigan nuestros pasos. Terminemos bien, lleguemos al final de la carrera habiendo peleado la buena batalla. Hagamos que nuestros hijos nos vean amar a Dios con todo nuestro corazón, y dejemos en ellos recuerdos maravillosos, así como lo hizo Pablo con Timoteo. Es lo mejor que podemos hacer por la siguiente generación.

EL AMOR DE DIOS HACE LA DIFERENCIA

Ninguno de nosotros vive en una familia perfecta. Por esta razón debemos pararnos con firmeza para cortar la herencia de dolor que ha afectado a nuestra familia en el pasado y la sigue lastimando hoy. Somos capaces de escribir una nueva historia y tenemos que hacerlo, por amor a nosotros mismos y por amor a los que seguirán nuestros pasos. Entre más temprano lo hagamos, más rápido veremos los resultados en nuestras propias vidas y en las de nuestros hermanos y descendientes.

Le comparto la historia de una joven de tan solo 17 años que, sin conocer quién era su padre y con una madre adicta, saca adelante a sus hermanos menores, se rodea de buenos amigos, sirve en la Iglesia y logra enfrentar sus temores y pesadillas.

Ella se ha levantado para escribir una nueva historia en su vida y en la vida de sus dos hermanos menores. No se rinde, se levanta contra viento y marea, y le cree a Dios. Ella dejó que el amor de Dios sanara su dolor, amargura y resentimiento. Encontró la esperanza en Dios, y se refugió en Sus brazos para hacerlo diferente.

Decidió que el pasado no la convertiría en víctima, aceptó el amor de quienes le han extendido la mano, y ha decidido no quejarse de nada. Un día se dispuso a levantarse y hacer todo diferente. Así describe su historia:

"Todo comienza un día donde me desperté y dije: –Dios, aunque mi vida no es perfecta y aunque a veces no quiero vivir, gracias por vivir en un mundo lleno de personas que te necesitan. Una vez pensé que Dios no me amaba. Cuestionaba el hecho de que mi madre vendía su cuerpo por drogas. ¿Cómo es que Él nos ama y nuestra madre está viviendo en las calles? No he conocido a mi verdadero padre, no sé con certeza si mi madre sabe quién es él. Vivo con mi padrastro y su familia. Todos consumen y distribuyen drogas.

"Soy la madre de mis hermanos, uno tiene 12 años y mi hermana 8. Ahora tengo 17 años de edad. Soy una mujer de Dios. Soy sierva de Dios. Lo serviré para siempre y compartiré sus bendiciones con otros. Ahora sé por qué estoy en este mundo. Todo este tiempo Dios ha estado conmigo. Aunque no tenga padre, ni madre, Él está ahí para ser uno conmigo y para cualquier persona que lo necesite. Él me ha hecho fuerte. Por la Gracia de Dios soy una estudiante destacada, trabajo, soy madre a tiempo completo, maestra de Escuela Dominical en la iglesia y todavía tengo tiempo para mis amigos.

"Antes tenía problemas para perdonar. No podía perdonar a mis amigos por maltratarme. No podía perdonar el abuso de mi madre, y no podía perdonar a Dios por traerme a este mundo. No podía dormir de noche sin haber llorado hasta el cansancio. Tenía pesadillas todas las noches, y todo porque había odio en mi corazón. Me culpaba por todo. Si mi madre se peleaba con mi padrastro, era mi culpa; si mis

hermanos peleaban, era mi culpa, todo era mi culpa. Un día decidí cambiar; no tenía que sentirme culpable cuando no era mi culpa. Dios me ha ayudado a permanecer firme para llegar a ser de bendición a todos".

Cuando conocí a esta joven, quedé impactado, porque su felicidad es contagiosa. Inspira a sus amigos a consagrar sus vidas a Dios, sirve en su iglesia con pasión y atiende a sus hermanos como si fuera una madre de experiencia. El dolor no la ha detenido, se ha dejado amar por las personas que le extienden una mano y la inspiran a seguir adelante. No se presenta como una "víctima social". Se presenta como parte de la solución, y ha decidido transmitirles esperanza, ánimo y amor a quienes la rodean.

Si usted la conociera, jamás imaginaría dónde vive y en qué condiciones. Su fuerza y su amor vienen solo de Dios, quien es su roca firme y su fuente de inspiración.

Tal y como lo describe esta joven, su vida no es perfecta, y en el fondo lo que expresa es el deseo de tener una familia saludable, donde la presencia de un padre responsable esté ahí para brindar seguridad, confianza y amor.

Muchas veces preguntamos a Dios si se olvidó de nosotros cuando los dolores inundan nuestra familia, los adultos son irresponsables y la amargura toma nuestra vida. Qué difícil es comprender por qué un padre abandona la familia, o bien por qué una madre consume drogas.

No podemos detenernos para tratar de comprender los errores de los demás. Solo tenemos derecho a levantarnos para no repetir la historia, y hacerlo diferente. Es en este punto donde el amor de Dios cubre multitud de errores y sana el alma herida. Como lo dice ella en su nota: "Una vez pensé que Dios no me amaba. Cuestionaba el hecho de que mi madre vendía su cuerpo por drogas. ¿Cómo es que Él nos ama si nuestra madre está viviendo en las calles? No he conocido a mi verdadero padre, no sé con certeza si mi madre sabe quién es él. Vivo con mi padrastro y su familia. Todos consumen y distribuyen drogas". Pero ella misma encontró la respuesta a su pregunta existencial: "Todo este tiempo Dios ha estado conmigo. Aunque no tenga padre, ni madre, Él está ahí para ser uno conmigo y para cualquier persona que le necesite. Él me ha hecho fuerte".

Dios promete acompañarnos aunque nuestro padre y nuestra madre nos abandonen.

Aunque mi padre y mi madre me abandonen, el Señor me recibirá en sus brazos. (Salmo 27:10)

Job, en medio de su dolor, descubrió que había una maravillosa verdad que cambió su perspectiva de la vida, y lo hizo entender que siempre fue amado por Dios. Porque nada escapa de Su conocimiento, y en medio de cualquier circunstancia, Su mano nos sostiene.

Fuiste tú quien me vistió de carne y piel, quien me tejió con huesos y tendones. Me diste vida, me favoreciste con tu amor, y tus cuidados me han infundido aliento.

(Job 10:11-12)

En medio del dolor, la decepción, la angustia y las preguntas que son difíciles de responder, lo único que nos queda es dejarnos amar por Dios y permitirle a Él envolvernos en Su amor. Es ahí cuando experimentamos sanidad en nuestras emociones y nos levantamos de nuevo para no repetir la historia de quienes nos han herido o abandonado.

Cuando nos dejamos amar por Dios, descubrimos que Él tiene planes maravillosos con nosotros, que han sido escritos desde la eternidad y nuestra misión es descifrarlos y vivir en ellos. Solo el amor de Dios puede llevarnos a estas dimensiones extraordinarias, aun en medio de los momentos más difíciles de nuestra existencia. Como lo expresa el apóstol Pablo, y también lo describe el Salmo 139:

Incluso antes de haber hecho el mundo, Dios nos amó y nos eligió en Cristo para que seamos santos e intachables a sus ojos.   (Efesios 1:4, NTV)

Tú creaste las delicadas partes internas de mi cuerpo y me entretejiste en el vientre de mi madre. ¡Gracias por hacerme tan maravillosamente complejo! Tu fino trabajo es maravilloso, lo sé muy bien. Tú me observabas mientras iba cobrando forma en secreto, mientras se entretejían mis partes en la oscuridad de la matriz. Me viste antes de que naciera. Cada día de mi vida estaba registrado en tu libro. Cada momento fue diseñado antes de que un solo día pasara. Qué preciosos son tus pensamientos acerca de mí, oh Dios. ¡No se pueden enumerar! Ni siquiera puedo contarlos; ¡suman más que los granos de la arena! Y cuando despierto, ¡todavía estás conmigo!.

(Salmo 139:13-18, NTV)

¡Qué declaración más sublime!

Todos tenemos que detenernos para dejarnos amar por Dios, porque es ahí donde nuestra vida adquiere sentido, y descubrimos el propósito por el cual hemos sido creados. Mientras no nos dejemos amar por Dios, vamos a reclamarle por los sufrimientos vividos. En cambio, si confiamos en Dios, sabremos que todo lo que hemos experimentado, por más fuerte y doloroso que parezca, tiene un sentido y una razón de ser.

Es así como entendemos que Moisés tenía que ser criado en la casa del Faraón, porque un día regresaría ahí a pedir la liberación del pueblo de Israel. Solo un hombre que haya vivido 40 años en el desierto de Madián como pastor de ovejas, sabría guiar a un pueblo por el desierto por 40 años. Posiblemente Moisés muchas veces pensó que Dios se había olvidado de él mientras cuidaba las ovejas de su suegro en el desierto. Pero lo que Dios estaba haciendo era entrenar al líder que mañana dirigiría a Su pueblo. Éxodo 3 nos describe a un Moisés humilde, temeroso de Dios, y deseoso de hacer lo correcto. No es perfecto, pero es la persona elegida para cumplir la misión que Dios le estaba encomendando. Definitivamente, cuando Dios nos cubre con Su amor, nos equipa y promete acompañarnos en el viaje de la vida.

Posiblemente José, cuando sus hermanos lo venden como esclavo, pensó que Dios se había olvidado de los sueños que le dio cuando solo tenía 17 años y era el hijo favorito de su padre, según lo narra Génesis 37. Con más razón aun cuando termina en la cárcel, y siente que todos a los que un día ayudó, lo olvidan. Mientras tanto, Dios entretejía la historia, y en el momento oportuno José estaría en el lugar correcto y con la actitud correcta. Porque José guardó su corazón, perdonó a sus hermanos, fue fiel y confió en Dios, termina convirtiéndose en el gobernador de Egipto, tal y como lo describe Génesis 41. Nada de esto sería posible si José no hubiera experimentado el amor y el cuidado de Dios en tiempos difíciles.

La historia se escribe en el secreto de Dios, y solo la conoceremos en tanto dejemos que él nos ame, nos guíe, sane las heridas del corazón, nos entrene a través del sufrimiento y se revele a nuestra vida. Nada en nuestra historia sobra, y Dios no se ha demorado en el cumplimiento de lo prometido. Toda circunstancia pule nuestro carácter y nos acerca a Dios. Así lo descubrió Jeremías cuando Dios lo llamó y le contó que había sido apartado desde antes de nacer y que desde ahí había sido elegido profeta a las naciones. Dios le afirma, lo toca, pone las palabras en sus labios, lo faculta, y lo envía. Nada de esto sería posible si no dejamos que el amor de Dios nos envuelva.

> El Señor me dio el siguiente mensaje: —Te conocía aun antes de haberte formado en el vientre de tu madre; antes de que nacieras, te aparté y te nombré mi profeta a las naciones. —Oh Señor Soberano —respondí—. ¡No puedo hablar por ti! ¡Soy demasiado joven! —No digas: "Soy demasiado joven" —me contestó el Señor—, porque debes ir donde quiera que te mande y decir todo lo que te diga. No le tengas miedo a la gente, porque **estaré contigo y te protegeré**. ¡Yo, el Señor, he hablado!
>
> (Jeremías 1:4-8, NTV)

Dios nos ayude a no subestimar nuestras vidas por lo que hemos vivido, sino más bien a comprender que hemos nacido para dejar que Su amor nos transforme. No podemos continuar nuestras vidas sin dejar que Dios nos cambie, como lo hizo con Jeremías, José y David.

FRASES PARA LAS REDES SOCIALES

1. El amor no se explica; simplemente se vive, se entrega, se da y cuando es recíproco, produce ilusión, alegría y paz.

2. El amor, entre más se entrega, más crece.

3. No amamos por obligación, amamos porque decidimos hacerlo; y es cuando el amor se transforma en una aventura emocionante.

4. Antes de reclamar o juzgar, deténgase primero a escuchar el corazón de quien ama, y conéctese con sus sentimientos. Porque el amor se concentra en comprender.

5. Es bueno recordar que nos amamos, que el camino recorrido nos ha dejado recuerdos agradables, que hemos superado las crisis y que estamos aquí para escribir la historia juntos.

6. Baje el ritmo para acariciar a quien ama, apreciar a quien tiene cerca y agradecer a Dios por los privilegios que le ha dado.

7. En el matrimonio viviremos momentos difíciles, experimentaremos desilusiones, pero no podemos

rendirnos, porque nacimos para perseverar y continuar amando hasta el final. Es la única forma de escribir una historia de amor. No se rinda, perdone y pida perdón con gentileza. Suelte el pasado y sueñe con un mejor mañana. He visto a muchos intentarlo, y lo han logrado.

8. Cuando decidimos amar, damos voluntariamente lo mejor de nosotros, lo hacemos con buen ánimo y dedicación, no nos rendimos y perseveramos hasta el final. No significa que no hay cansancio, muchas veces hay frustración, pero algo nos dice por dentro que es el camino correcto, y lo seguimos haciendo. Cuando pasan los años, nos damos cuenta de que valió la pena, y lo volveríamos a intentar.

9. El amor crece cuando se cultiva día a día. Por eso, abrace cada día, diga "te amo", sorprenda con detalles y siempre despídase con un beso apasionado. Nacimos para amar.

10. Sea flexible, escuche, analice, negocie y aprenda a reconocer el momento en el que debe ceder. Reconozca cuáles cosas sin importancia puede dejar pasar con tal de mantenerse unido y en paz con los que ama. Esto hace grata la convivencia.

11. Aprendemos a amar no cuando encontramos a la persona perfecta, sino cuando decidimos apreciar las virtudes que le identifican.

12. Que el tiempo y la costumbre no borren los motivos que tuvo para amar a su cónyuge. Recuerde de quién se enamoró, revivan los años de noviazgo, búsquense mutuamente como lo hicieron al principio y

desarrollen admiración el uno por el otro. Solo así lograremos que el amor perdure.

13. Cuando nos amamos sin herirnos, la relación se fortalece. Por eso, evite el silencio que lastima, la crítica constante y los apodos que denigran. Ame sin herir.

14. Amar es el arte de dar lo mejor de nosotros para hacer grande a quien tenemos cerca; la habilidad de descubrir lo bueno en los demás y apreciarlo.

15. Amar es lo que nos hace pensar una y otra vez en el aprecio que le tenemos a nuestro cónyuge, en los recuerdos que nos acercan y en los sueños por cumplir.

16. La ternura es elegancia, suavidad, cortesía y gentileza. Se dosifica para que sea agradable, y se expresa con cariño, cercanía y afecto.

17. Es por amor que se cuidan los detalles y se toma en cuenta aquello que hace sentirse amada a la otra persona. Es entonces que el amor crece, se fortalece y es nuevo cada día.

18. Quien ama, deja recuerdos agradables, sonrisas que se aprecian, palabras que no se olvidan y abrazos que animan.

19. Cómo no amarte si estás ahí para animarme, reímos juntos, siempre preguntas cómo me siento y soportas mis imperfecciones.

20. El amor nunca deja de ser, y es lo que nos permite decidir permanecer a su lado, aunque podemos marcharnos. Porque el amor sigue siendo una elección, la mejor que podemos tomar.

21. Si nunca dejamos de ser novios y seguimos conquistándonos, el amor crecerá con el tiempo.

22. Cuando decidimos amar, solo deseamos observar lo bueno que tiene la otra persona, todo nos hace gracia, pensamos en ella, cuidamos cada detalle, nos presentamos lo mejor posible y, sobre todo, estamos dispuestos a agradarle. Es maravilloso amar entregándonos por completo.

23. En lugar de creer que merece ser amado, decida amar. Esto nos ayuda a contrarrestar la decepción.

24. El amor que no se alimenta, muere; pero si decidimos nutrirlo con demostraciones de cariño, reconocimiento y valoración, el amor crece.

25. Si comprendiera el valor que tiene mi cónyuge, le daría gracias por ser como es, y le expresaría muchas veces al día el amor que siento.

26. Amar es ofrecernos para comprender, escuchar en silencio, aceptar incondicionalmente y admirar hasta derretirnos. Este amor nunca deja de ser.

27. Cuando no sepamos qué decir, simplemente abracemos y escuchemos; eso será suficiente.

28. Estar enamorado de nuestro cónyuge alimenta la ilusión, el deseo y la pasión. Pero no ocurre en automático. Requiere esfuerzo, dedicación, detalles y compromiso.

29. El amor es lo que nos permite vivir momentos inolvidables, perdonar los errores, volverlo a intentar y caminar juntos hasta el final.

30. Es fácil amar cuando existen detalles: una llamada inesperada, un mensaje de texto con un "te amo", un regalo ocasional o una cena inesperada.

31. Escuchar a quien amo me identifica con sus problemas, temores, ilusiones y sueños. Es lo que nos permite descubrir su corazón.

32. El amor crece cuando se está presente y se comparten palabras de afirmación y afecto.

33. Cuando dedicamos tiempo a quien amamos, comprendemos lo que le duele, nos identificamos con sus problemas, temores, pero sobre todo le acompañamos en sus ilusiones y sueños.

34. El amor no se impone, procura la libertad de la otra persona, busca la realización de quien se ama y eleva su dignidad. El amor no es un juego de pasiones, es una relación para crecer.

35. El amor es el arte de aprender a comunicar lo que siento, mientras genero el espacio para que la otra persona pueda hacer lo mismo. No es importante si estamos de acuerdo o no, lo importante es que logramos respetarnos.

36. Cuando amamos, procuramos no herir. Por eso, hay momentos donde lo mejor es hacer silencio hasta permitir que las emociones se enfríen y el pensamiento se aclare.

37. Amar es vivir el privilegio de mirar a los ojos mientras caminamos juntos y suspirar mientras recordamos lo que hemos vivido. El amor construye recuerdos agradables y olvida los errores cometidos.

38. Amar es decidir caminar juntos hasta el final.

39. Nada inspira más que el abrazo sincero, una palabra de ánimo y una expresión de disculpa cuando nos equivocamos. Nada inspira más que amar.

40. Cuando el amor se ha hecho fuerte en la relación, la pareja sabe enfrentar las crisis sin herirse y sin grandes períodos de silencio. Ahora parece que conocemos mejor a nuestro cónyuge.

41. El amor se sostiene en el tiempo con actos sencillos; una palabra de aprecio, un acto de servicio, un abrazo sincero, o simplemente escuchando. El amor debe expresarse, es lo que nos permite desear estar cerca.

42. La capacidad que tenemos para amar a los demás está directamente relacionada con la capacidad que hemos desarrollado de amarnos a nosotros mismos.

43. El amor no se impone, se inspira; es un acto de la voluntad, es deliberado, deseado. El amor se decide y entonces se siente.

44. A todos nos inspira el beso, la palabra amable, la caricia, y el detalle espontáneo. Eso que nos acerca y nos convierte en los mejores amigos. A todos nos inspira amar y ser amados.

45. A todos nos cautiva el amor, eso que tiene cara de admiración, aceptación y respeto. Cómo no, si nos arranca sonrisas y lágrimas de felicidad. Amar hace grandes a las personas y agradable la convivencia.

46. El amor se vive de cerca, se alimenta, se cuida y se protege.

47. Es imposible hacer crecer el amor si el sufrimiento permanece, el menosprecio reina y el rechazo domina. El amor crece a partir de la aceptación, el abrazo espontáneo y el halago sincero. Es mejor amar que lastimar.

48. No se case porque todos lo hacen, o por presión social. Avance hacia el matrimonio porque ama de verdad, porque la idea le ilusiona, porque está enamorado y sabe que es la persona correcta. Porque tiene paz, alegría y los que le rodean sienten lo mismo.

49. El amor no es una aventura con la que se juega, no es un golpe de suerte, es un plan para disfrutar el resto de la vida y dar continuidad a lo que ha construido.

50. El amor no se exige, se otorga voluntariamente porque es producto de la libertad, la afinidad y la confianza. Por eso, el amor siempre conquista, admira y protege. Este amor nos acerca y crece con el tiempo.

51. El amor no se impone, no se exige, se entrega voluntariamente, es una decisión sostenida en el tiempo. Se ama porque se decide, y es entonces cuando se sienten las emociones más hermosas del mundo. El amor hace grande a quien lo vive, y acerca a las personas.

52. El amor no es mágico, no llena vacíos emocionales, ni carencias afectivas. El amor se recibe en tanto nuestro corazón esté sano, porque es capaz de valorar lo que la otra persona es en su esencia.

53. El amor no es una relación que se fundamenta en la premisa "para ver si funciona". El amor no funciona, los objetos funcionan; el amor se construye, se decide, se aprende y se comparte.

54. El amor no crece en automático, lo alimenta el tiempo compartido, los detalles y las gratas conversaciones. Estos son días especiales para vivir en familia momentos memorables.

55. El amor hace grandes a los dos, porque parte del deseo mutuo, del respeto, de la voluntad y fortalece la dignidad de ambos.

56. El amor no lleva cuentas pendientes; perdona. No lastima; protege. No se impone; respeta. No anula; dignifica.

57. El amor nos invita a caminar juntos, pero llegarán las tormentas, la rutina, y el aburrimiento. Solo son obstáculos por superar, momentos emocionales que pasan. Si perseveramos, terminaremos siendo los mejores amigos, los compañeros del alma, y al final del camino tendremos recuerdos que celebrar, y una vida por contar.

58. El amor puede desaparecer fácilmente si no lo cuidamos. Por eso, determine disculparse si lastimó, abrace todos los días y dígale de mil formas a su cónyuge que lo ama.

59. El amor crece cuando existen perdón, tolerancia y respeto.

60. El amor hace grande a quien lo vive.

61. Nada es más gratificante que hacer grande a quien se ama. Pero no podemos olvidar que el amor es recíproco.

62. Hoy es un buen día para perdonar y soltar las amarras del pasado, porque no nacimos para odiar, nacimos para amar.

63. La decisión de amar debe dominar lo que sentimos. El amor se piensa, se decide, se expresa y, entonces, se siente, se disfruta y crece. Hoy es un buen día para hacerlo crecer con detalles o con un buen abrazo.

64. El amor produce salud emocional, cercanía, paz, libertad, ilusión y alegría. Es la habilidad de proteger lo que nos acerca, y lo que nos permite ser íntimos de verdad. No ocurre por casualidad, es decisión manifiesta.

65. Usted expresa amor cuando responde los mensajes y está atento a los detalles. Es sinónimo de cortesía, amabilidad, y es más sencillo de lo que imagina. Aprecie a quienes están ahí para amarle.

66. Caminemos juntos, tenga sueños y proyectos en común con su cónyuge, divirtámonos juntos, acompañémonos en los momentos importantes para cada uno. Esto nos acerca y nos convierte en amigos.

67. Amar es desarrollar la habilidad de descubrir lo bueno en la otra persona.

68. El amor no muere solo, lo matan la apatía y la indiferencia, pero lo alimentan la admiración compartida, el abrazo sincero y el desear comunicarnos. De nosotros depende que el amor crezca.

69. El amor no es algo que se usa y se desecha; el amor nació para quedarse, el amor es para siempre, y nunca deja de ser.

70. El amor crece a partir del tiempo que invertimos con la otra persona, eso que arranca sonrisas, ilusión, historias, anécdotas y sueños. Es lo que nos permite conocernos mejor y desear estar juntos.

71. Quien solo conquista a partir del atractivo físico, circunscribe el amor a la satisfacción del deseo. Quien conquista a partir de la revelación de su esencia, permite que el amor crezca con el tiempo.

72. Amar es comprometerme a apreciar, valorar, proteger, y honrar a una persona con defectos, y emociones fluctuantes, pero a la vez, alguien con muchas virtudes. Por cierto, quien le ama a usted, está ante el mismo desafío.

73. El amor es el arte de concentrarme en reconocer sus virtudes y disimular sus defectos, igual como lo hacen con nosotros. "Gracias amor, por amarme como soy."

74. Enamorarse es emocionante, genera una pasión creciente y desarrolla el deseo de conocer más de cerca a la otra persona. Pero esta emoción, este deseo, es solo la primera parte del amor, porque al amor lo hace crecer la intimidad, eso que nos convierte en los mejores amigos, en confidentes, y que produce confianza.

75. Amar requiere esfuerzo, constancia, valor, respeto y admiración. Son las acciones de servicio mutuo, los pequeños detalles y las conversaciones, lo que hace crecer el amor hasta que sea algo fuerte y firme.

76. La emoción del enamoramiento es lo que nos permite prometer fidelidad, lealtad y amor hasta la muerte, pero es el amor maduro lo que transforma la relación

en algo estable y agradable. Eso que se logra con perseverancia, respeto y admiración.

77. Amar es tener un conocimiento profundo de la otra persona, aceptarle tal cual es y nunca hacer nada que lastime su dignidad.

78. Comunicarse no es fácil, requiere esfuerzo, voluntad, y dedicación. No desista; llegar al corazón de quien ama será su gran conquista.

79. Amar es valorar las muchas cosas que hemos hecho bien y disimular lo único que se hizo mal.

80. Amar es una decisión que requiere trabajo, respeto y compromiso. Porque las cosas bellas de la vida requieren esfuerzo y saber esperar.

81. El amor involucra cariño, compromiso, responsabilidad, madurez, respeto y paciencia. No es cuestión de suerte, es un estilo de vida que produce paz, esperanza y confianza.

82. El amor es la habilidad de descubrir lo bueno en la otra persona, la decisión de disculpar los errores y la determinación de admirar.

83. Amar es más que sentir. Es respeto, y consideración, es el arte de esperarnos. El amor se cultiva, se aprende y sobre todo, se protege.

84. El amor crece cuando se alimenta. Son los detalles, las llamadas, el querer acercarnos lo que nos dice que nos amamos.

85. El amor detiene el tiempo y nos hace desear que se congele la imagen de lo compartido.

86. ¿Es fácil amar? De ninguna manera. Amar no es sencillo porque requiere ser respetuoso cuando deseamos ser groseros, ser gentiles cuando queremos ser toscos. Amar es renunciar a nuestros deseos egoístas para hacer prevalecer el bienestar de ambos.

87. El amor nos ofrece compañía, amistad y calor de hogar. No nacimos para vivir en soledad, nacimos para amar, entregarnos y cuidarnos. Por eso nada realiza más a un ser humano que amar.

88. Amar es recorrer juntos la senda, sin anularnos y subestimarnos. Es tratarnos como dos que se pertenecen el uno al otro, pero no se poseen.

89. El amor construye relaciones que inspiran las emociones más hermosas, pero debe ser protegido a partir de la firme decisión de cuidar la línea del respeto.

90. El amor es inteligente, no caprichoso. El amor toma tiempo para analizar, escuchar consejo y saber discernir. Por eso, cuando se enamore, tome el tiempo necesario para añadir inteligencia al sentimiento.

ACERCA DEL AUTOR

Sixto Porras es el ícono entre los escritores y conferencistas sobre el tema de la familia. Además de desempeñarse como Director Regional para Iberoamérica de la organización internacional Enfoque a la Familia, es ejemplo del éxito en la construcción de una familia cimentada en los fundamentos de la fe, los valores, el amor y la dedicación.

Es un distinguido consejero de familia, siempre en contacto con las realidades que viven las familias de hoy, presto a responder con las mejores alternativas para cualquier problemática.

Alcanza a miles de personas en más de cuarenta países, tanto en presentaciones personales como a través de todos los medios de comunicación. Ha publicado numerosos libros, siendo los más recientes *Hijos Exitosos, El Lenguaje del Perdón* y *Cree en ti.*

Reside en Costa Rica junto a Helen, su esposa durante más de 34 años. Tienen dos hijos: Daniel, casado con Rocío Villegas, padres de Emiliano y Mateo; y Esteban, casado con Dyane Carvajal.